SONGS IN THE KEY OF LIFE

CB070891

© Zeth Lundy, 2007
Esta versão foi publicada a partir do acordo com a Bloomsbury Publishing Plc.

Zeth Lundy

SONGS IN THE KEY OF LIFE

Tradução de
Thiago Lins

Cobogó

SUMÁRIO

Sobre a coleção **O LIVRO DO DISCO**   7

Agradecimentos   9

Introdução   11

I. Nascimento   15

II. Inocência   43

III. Experiência   75

IV. Morte   107

V. Transcendência   131

Bibliografia   147

Sobre a coleção O **LIVRO DO DISCO**

Há, no Brasil, muitos livros dedicados à música popular, mas existe uma lacuna incompreensível de títulos dedicados exclusivamente aos nossos grandes discos de todos os tempos. Inspirados pela série norte-americana 33 ⅓, da qual estamos publicando volumes essenciais, a coleção O Livro do Disco traz para o público brasileiro textos sobre álbuns que causaram impacto e que de alguma maneira foram cruciais na vida de muita gente. E na nossa também.

Os discos que escolhemos privilegiam o abalo sísmico e o estrondo, mesmo que silencioso, que cada obra causou e segue causando no cenário da música, em seu tempo ou de forma retrospectiva, e não deixam de representar uma visão (uma escuta) dos seus organizadores. Os álbuns selecionados, para nós, são incontornáveis em qualquer mergulho mais fundo na cultura brasileira. E o mesmo critério se aplica aos estrangeiros: discos que, de uma maneira ou de outra, quebraram barreiras, abriram novas searas, definiram paradigmas — dos mais conhecidos aos mais obscuros, o importante é a representatividade e a força do seu impacto na música. E em nós! Desse modo, os autores da coleção são das mais diferentes formações e gerações, escrevendo livremente sobre álbuns que têm relação íntima com sua biografia ou seu interesse por música.

O Livro do Disco é para os fãs de música, mas é também para aqueles que querem ter um contato mais aprofundado, porém acessível, com a história, o contexto e os personagens ao redor de obras históricas.

Pouse os olhos no texto como uma agulha no vinil (um cabeçote na fita ou um feixe de laser no CD) e deixe tocar no volume máximo.

Agradecimentos

Agradeço a meu editor, David Barker, por sua paciência e seu apoio; a Justin Cober-Lake, pelas conversas diárias e assistência editorial; a Matt Beaudoin, David Evans, Bill Janovitz, Bill Reagan, Patrick Schabe, Karen Zarker e Sarah Zupko, pela inestimável ajuda ao longo do caminho. Um agradecimento especial aos meus pais, que me apresentaram a música pop, e à minha mãe em particular, cuja paixão e força são prodígios extraordinários.

Este livro é dedicado à minha mulher, a incomparável Betsy Grant, que suportou minhas divagações durante seis longos meses de estresse e me ofereceu conselhos — conceituais e editoriais — que transformaram minhas pequenas ideias em algo consistente, e que continua a sorrir toda vez que digo que a amo.

Introdução

O cinturão que Stevie Wonder usou no dia em que apresentou seu novo álbum a um seleto grupo da imprensa estava marcado com pompa e trocadilhos: *number one with a bullet*.[1] O cinto, em cujos coldres balançavam desajeitadamente capas de discos, era apenas um dos acessórios do pomposo visual de caubói usado por Stevie, com suas franjas e sua cor creme, tão exagerado quanto a celebração daquele dia.

A pitoresca Long View Farm — uma fazenda de 59 hectares localizada em North Brookfield, Massachusetts — parecia um local peculiar para revelar ao mundo os frutos de um longo trabalho de dois anos; afinal, o idiossincrático R&B de Stevie — uma mistura de funk, gospel, jazz e pop — dificilmente combinaria com passeios de trator e estábulos de cavalos puros-sangues. Mas não era um álbum qualquer o que a multidão de repórteres e convidados especiais — entupidos de champanhe, rosbife e torta — ouvia pela primeira vez. Tratava-se da gravação de um excesso dionisíaco: um disco duplo e mais um EP de bônus que

---

[1] "Número um com uma bala." Trata-se de uma brincadeira do cantor com o fato de a revista *Billboard*, nos anos 1960 e 1970, colocar o símbolo de uma bala ao lado das canções que entravam nas paradas vendendo mais de 1 milhão de compactos. [N.T.]

menosprezavam os discos mais humildes como um Frankenstein tecnológico e artístico, um local de repouso para os últimos estados febris de uma carreira marcada por uma criatividade sem-par.

Tal excesso era esperado pelos que compareceram àquele dia de alegria extravagante. Um outdoor de 18 por 72 metros, que custou 75 mil dólares e anunciava o iminente álbum de Stevie Wonder, rodeado de arco-íris, nuvens e estrelas, reinava sobre a Times Square, em Nova York, fazia quatro meses. Era impossível não notar aquela proclamação pública do comércio em tons pastéis vibrantes e esperançosos. Naquela manhã, os convidados passaram mais cedo pelo outdoor (naquela época o maior do país, e talvez do mundo) quando foram transportados para o aeroporto JFK em uma comitiva de três ônibus. Vinham do Essex House, um luxuoso hotel em Manhattan, onde tinham sido instruídos a se encontrar às 7h30 da manhã daquele dia. Um bufê de café da manhã saudou a todos. Enquanto comiam, Ira Tucker, gerente de relações públicas de Wonder, discutia a agenda do dia com certa complacência matinal.

Os ônibus deixaram os convidados, todos usando crachás com seus nomes, no aeroporto JFK. De lá, embarcaram em um DC-9 (no avião foram servidos champanhe e aperitivos) e aterrissaram pouco depois em Worcester, Massachusetts. Três ônibus escolares os conduziram por aquela América bucólica até seu destino final, a fazenda em North Brookfield. A viagem inteira consistia em uma série de desvios premeditados, como se aquelas centenas de pessoas estivessem, a cada minuto, despistando sua trilha sob uma cortina de fumaça para tirar de sua cola inimigos invisíveis.

Conforme desciam do ônibus pela segunda vez naquela manhã, os convidados esticavam as pernas dormentes e colocavam os óculos escuros novamente. O barulho da cidade e a desorientação da viagem ficavam para trás à medida que os convidados respiravam o ar puro do campo e aguardavam o início da festa de 30 mil dólares. Ali, em plena Nova Inglaterra, no meio do nada, todas aquelas pessoas participariam em breve do lançamento mais aguardado do ano, de um evento da cultura pop cuja gestação havia sido acompanhada com ansiedade pelo mundo todo.

E então Stevie apareceu, descendo uma escadaria para saudar sua plateia. Com um largo sorriso, em seu traje do Velho Oeste, sua cabeça movia-se ritmicamente de um lado para outro. Ele tinha cancelado essa mesma festa no início do ano, para que pudesse retocar o produto final, atento à sua imensidão e, ainda assim, sensível à sua perfeição. Agora era tarde demais para um novo atraso. Uma multidão, que havia sido levada até ali para o lançamento, se aglomerava à sua frente. Ainda assim, ele poderia prorrogar um pouco mais; afinal de contas, quem tinha esperado até agora podia esperar mais cinco ou dez minutos. Stevie divagou sobre sua interpretação da música, sobre o "mentalismo do amor" e sobre "um amanhã positivo para todas as pessoas, onde não apenas pudéssemos falar de amor ou pudéssemos senti-lo como algo temporário, mas que também pudéssemos nos relacionar com ele como algo que duraria para sempre em nossos corações e espíritos, no modo como vivemos e em nosso caráter".

Então não restava nada a ser dito que a música não pudesse dizer melhor.

"Vamos botar pra quebrar", disse Stevie.

A fita de um quarto de polegada tocou no gravador.

Era uma terça-feira, 7 de setembro de 1976, e o prato principal daquele banquete multissensorial, *Songs in the Key of Life*, já tinha praticamente ganhado o disco de platina... e ele só seria lançado dali a um mês.

I. Nascimento

There was never any more inception than there is now,
Nor any more youth or age than there is now;
And will never be any more perfection than there is now,
Nor any more heaven or hell than there is now.
Urge and urge and urge,
Always the procreant urge of the world.

— WALT WHITMAN, *LEAVES OF GRASS*.

No início, tudo o que é velho torna-se novo outra vez. Ou seja: todo dia acontece a introdução de uma nova vida, mas cada ocasião de nascimento é por si só um episódio extraordinário, não importa quão comum seja o fenômeno. Os passados são apagados. Futuros são recomeçados, prontos para serem escritos novamente. Atitudes mudam para saudar novamente o otimismo. Mesmo a mais soturna das almas enxerga promessas e possibilidades nesses momentos de grandeza divina, por mais fugazes ou falhos que sejam. Esqueça a culpa católica e seu grande companheiro, o pecado original. O nascimento é um momento idealizado demais para carregar esse fardo.

Palavras profundas são usadas para consagrar a ocasião do nascimento de uma criança: é um milagre, costumam dizer. Uma bênção divina, algo que não devemos tentar decifrar, pois seríamos incapazes. O fenômeno pode ser *explicado* com as complexidades lógicas da ciência — em termos totalmente compreensíveis —, mas a beleza pura do nascimento compele suas testemunhas a exclamações de reverência e mistério. Essa vida é um vasto florescer do prosaico — ela merece um pouco de mistério. Devemos simplesmente aceitar que algumas coisas são indescritíveis.

O parto, no entanto, assim como todas as suas ramificações metafóricas, é a conclusão de uma dor aguda. Uma dor que cauteriza, de uma necessidade maldita e de uma origem encantadora, uma dor que crava os dentes nas entranhas da paciência. Essa dor conduzirá a um vislumbre de uma beleza insólita, que, obviamente, levará à dor novamente, e assim por diante, em um ciclo que permite pouquíssimas brechas à tentativa de rompê-lo.

Stevie Wonder nunca conheceria esse tipo de dor em particular, mas ele se aventurou nas experiências impactantes que chamamos de "ramificações metafóricas". Trabalhou por horas intermináveis que se tornaram dias e semanas e, por fim, meses; trabalhou atrás de portas fechadas, com isolamento acústico, em salas escuras com mesas de som cheias de botões que combatiam um exército de decibéis. Ele curvou-se à musa que o esgotava implacavelmente e o obrigava a revisitar trechos antigos e inacabados de composição, a criar outros inteiramente novos direto do ar viciado do estúdio, a trabalhar as obras que estavam ainda em processo a ponto de torná-las quase irreconhecíveis. Cantou a alegria da vida, especialmente a importância de algo como o nascimento, e a dor que isto traria depois, mas principalmente a alegria, considerada por seu temperamento otimista como o melhor assunto de todos.

Quando terminou — quando horas, dias, semanas e meses se tornaram bolachas de vinil que continham breves histórias sobre sua produção — ele se confortou na resignação. Essa seria a última vez que trabalharia tanto, entregando um produto que refletisse o amadurecimento de seus esforços. As criações anteriores — na verdade, simples miniaturas de algo imenso que vinha crescendo dentro dele, absorvendo até as últimas gotas de sua criatividade — não serviram de aviso, nem sequer indicaram qualquer tipo de prognóstico do que estaria por vir. Ainda que Stevie houvesse redefinido a si mesmo e se tornado um criador com "C" maiúsculo, o novo projeto era muito mais do que isso; se fosse um mamífero, possivelmente teria de nascer por cesariana.

O desejo de criar é um impulso divino, é a produção de algo vivo que reflete sua própria imagem, é a observação da transformação de uma vida privada em tinta, barro e cor. Tinta e cor: como melodia e harmonia, como sangue e suor, a prova do excesso de uma mente indomável. Após a criação de uma nova vida, o criador tem a oportunidade de dominar o desafio escolhido por si mesmo com uma benevolência maternal ou com uma postura ditatorial. E é aí que o evento do nascimento segue seu rumo, no qual se acumulam conhecimentos próprios, e, por caminhos diferentes — determinados pela semente ou sugeridos pelo vento —, percebe-se que há muito mais a ser feito do que apenas nascer.

Veio a ele em um sonho: *Songs in the Key of Life*. Um título que produziria um conceito e um conceito que criaria um desafio; um tipo de competição alojado no mais profundo esconderijo inconsciente. "Canções no tom da vida" era o tipo de mensagem invocada pela inércia, uma sabotagem momentânea do pensamento que ocorria quando menos se esperava.

Como título do trabalho de Stevie daquele momento (que até então levava o título de *Let's See Life the Way It Is*), *Songs in the Key of Life* declarava que o projeto era ambicioso, significativo e volumoso antes mesmo de estar pronto. Ainda que não fosse tão desconcertante como o título de seu último álbum, *Fulfillingness' First Finale*, ele desafiava uma interpretação literal. Um "tom" da vida não era tão simples de ser demonstrado como, digamos, um Mi bemol ou um Dó. Entretanto, o título sugeria — bem como a surpreendente nova ambição criativa de Stevie — que o álbum estava além de meras definições na topografia musical; sua gama teórica, composta por miríades de canções e assuntos, só poderia aludir à incrível coesão da vida.

Após ser revelado, o título se converteu em um pretexto para um passatempo: "Desafiei-me a escrever sobre o maior número de assuntos possível relacionados ao título", explicaria Stevie depois, como um maratonista explica sua trajetória para uma intimidante, embora alcançável, linha de chegada. Esse desafio criativo não era exatamente algo difícil de ser atingido; Stevie vinha escrevendo e lançando canções sobre romance, política e espiritualidade, "canções no tom da vida", desde o álbum de 1971, *Where I'm Coming From*. Mas agora era diferente. Era como tomar posse de qualquer licença artística que o rock havia conquistado para explorá-la, ainda que fosse apenas para provar que isso poderia ser feito.

Em 1976, o ego do rock'n'roll havia inflado com delírios de grandeza. O rock tinha entrado em sua constrangedora terceira década como se tivesse algo a provar, tal qual um adolescente lutando desesperadamente contra a maturidade. A sorte de outrora já não lhe bastava mais; o rock agora trocava apressadamente a simplicidade por conceitos pomposos. O irreparável dano à sua jovem e impressionável psique foi infligido no final dos anos 1960 por mentes inovadoras como os Beatles (primeiramente com a prodigalidade conceitual de *Sgt. Pepper's Lonely Hearts Club Band* e depois com a ampla e interconectada segunda metade de *Abbey Road*) e The Who (cujo ousado e pretensioso *Tommy* estabeleceu o termo "ópera-rock" na mente das pessoas). Essas visões chegaram aos anos 1970, quando a simplicidade foi abandonada em nome da "arte". As canções já não eram boas o suficiente para satisfazer impulsos artísticos, elas necessitavam agora de um contexto maior, de um pano de fundo cinemático no qual pudessem ser colocadas como peças de um quebra-cabeça.

Enquanto o sentimento de autoimportância servia bem à carreira de alguns artistas (o álbum-conceito do alter-ego de David Bowie, *The Rise and Fall of Ziggy Stardust and the Spiders from Mars*, de 1972, é, indiscutivelmente, seu melhor trabalho), ela também poderia resultar numa pretensão excessiva (*Diamond Dogs*, 1974, de David Bowie, é um ótimo exemplo de como o conceito pode desencaminhar o álbum). Apesar do sucesso ocasional, os álbuns-conceito prejudicaram a reputação do rock, e podem até ter atrasado seu crescimento. O declínio do The Kinks, por exemplo, foi inevitável quando Ray Davies fez dos álbuns conceituais seu modo exclusivo de criação.

Até mesmo os discos que não foram explicitamente produzidos como trabalhos conceituais eram suscetíveis à negligência editorial: o álbum duplo (ou triplo!) tornou-se imediatamente tendência nos anos 1970. *All Things Must Pass* (1970), de George Harrison, *Exile on Main Street* (1972), dos Rolling Stones, *The Payback* (1973), de James Brown, *Quadrophenia* (1973), do The Who, *The Lamb Lies Down on Broadway* (1974), do Genesis, *Here, My Dear* (1978), de Marvin Gaye, e *The Wall* (1979), do Pink Floyd, são apenas alguns exemplos da predileção da década por discos longos.

Stevie Wonder não estava necessariamente interessado em contar uma longa história ou em amarrar uma série de motivos conceituais. Cria da máquina Motown, ele era um aprendiz em contar histórias de modo eficiente e imediato. Por quase uma década de carreira, nunca chegou perto de fazer declarações sobre lançar um álbum coerente: durante nove anos e 14 álbuns, Stevie foi educado para operar no reino menos ambicioso do single. Conforme desaprendia rapidamente tudo o que lhe tinha sido ensinado na Motown, seu objetivo primário no início dos anos 1970 tornou-se arrancar de sua cabeça o maior número de canções que pudesse, e o mais rápido que pudesse. Elas saltavam de sua consciência em jorros de certeza, como Atena surgindo da cabeça de Zeus.

Quando provou estar à altura do desafio de uma criação musical prolífica, apostar em um trabalho conceitual parecia ser o próximo passo. Subitamente, num piscar de olhos, Stevie já possuía seu título conceitual e aumentou o valor da aposta: *Songs*, quando terminado, seria ao mesmo tempo a representação definitiva e a caricatura grotesca da tendência ao excesso conceitual dos anos 1970. As aspirações do álbum eram labirínticas e seu escopo não mapeável: espalhada por dois LPs e um

EP de bônus, estava a tentativa — via melodia, harmonia e ritmo — de documentar as nuances da existência. Esse era o conceito mais amplo de todos os álbuns conceituais: assim como a tomada inicial do filme *Casablanca* (a cena do globo!), *Songs* não poderia ter um ponto inicial mais amplo, solto e abrangente. Era um conceito tão flexível que se tornava quase um anticonceito: teoricamente, toda e qualquer coisa poderia pertencer a ele.

Stevie Wonder já tinha sido indulgente alguns anos antes: *Fulfillingness' First Finale* (1974) seria, originalmente, o primeiro álbum duplo de sua carreira. Sua criatividade igualava-se apenas a seu inesgotável vigor (ele afirma ter escrito e gravado "Higher Ground", por exemplo, em apenas três horas). Essa combinação explosiva lhe rendeu uma grande variedade de canções inéditas. Durante a maior parte do tempo de um período de quatro anos, Stevie viveu no estúdio, escrevendo e gravando madrugadas adentro, esquecendo-se de dormir e das demais necessidades cotidianas por até 48 horas para que pudesse satisfazer um apetite artístico voraz e quase inumano. Músicos e colaboradores recebiam telefonemas inesperados em horários aleatórios com pedidos de última hora. Segundo o testemunho de pessoas como Ira Tucker, "entre completar um álbum e finalizá-lo — como entre o fim da mixagem e a masterização — [Stevie] escrevia três novas canções, gravava-as e depois jogava fora três das outras canções". Seus esforços produziram um "período de ouro" tão inspirado e surpreendente como em nenhum outro momento da história da música pop; sem contar sua presença dominante perante o grupo variado de seus contemporâneos da música soul: *Music of My Mind* e *Talking Book* (ambos de 1972), *Innervisions* (1973), *Fulfillingness' First Finale* (1974) e *Songs* (1976) constituíram esse breve, mas formidável, período de genialidade irretocável.

Quando Stevie decidiu que *Fulfillingness'* não seria um álbum duplo, afirmou à imprensa que as canções que ficaram de fora constituiriam *Fulfillingness' First Finale Part II* (também conhecido como *Fulfillingness' Second Finale*), o próximo lançamento de uma carreira que seguia a todo o vapor. Contudo, como era de esperar do hábito perfeccionista de Stevie, a já concluída segunda parte de *Fulfillingness'* seria deixada de lado em nome de conceitos maiores, de ideias frescas e, pela primeira vez desde 1972, de um grupo inteiramente novo de colaboradores.

Os dois anos necessários para que Stevie terminasse *Songs* deixaram os executivos da Motown à beira de um ataque de nervos, e alimentaram o ceticismo de um público desacostumado a um intervalo tão grande entre seus trabalhos. Desde 1972, os álbuns do artista vinham sendo lançados num intervalo regular, com um disco a cada nove meses. Uma das marcas registradas de Stevie, o gosto por brincadeiras, serviu para aliviar a tensão: lia-se "Estamos quase acabando" numa camiseta que ele começou a vestir para não ter que dar explicações quando a Motown se viu obrigada a adiar constantemente a data de lançamento do disco (os funcionários da gravadora vestiam outra camiseta com uma resposta sucinta e similar: "Stevie está quase pronto").

Uma espera de dois anos: isso era sinônimo de encrenca, suscitava os piores cenários, sugeria a desastrosa chegada da seca da criatividade de Stevie, que até então era farta e aparentemente infinita. Para piorar as coisas, o artista parecia estar se unindo a uma tendência da época que não era nem um pouco sutil, anunciando sua intenção de se retirar da indústria da música no final de 1975 para cuidar de crianças deficientes em Gana. Como dito em uma conferência de imprensa em Los Angeles, ele entraria em turnê uma última vez nos Estados Unidos e doaria o lucro para certas instituições africanas. Ainda que suas inclinações humanitárias fossem indubitavelmente sinceras, essa mudança brusca de carreira foi rapidamente esquecida; a verdadeira questão tornou-se seu contrato recém-expirado com a Motown. Enquanto grandes selos como a Epic e a Arista se interessavam pelo término do contrato, o presidente da Motown, Berry Gordy Jr. enfrentava um dilema, já que o império de seu selo sofria com a perda de artistas de sucesso e com a incerteza das novas tendências musicais,[2] sem contar a recessão econômica que fazia com que o lucro das gravadoras caísse drasticamente. Apesar da ausência de um produto acabado ou, no caso, de qualquer evidência de que tal produto conservaria o alto padrão observado nos anos anteriores, Stevie era o artista da Motown que mais tinha chances de vender naquela época: uma aposta segura até para os especuladores mais conservadores.

A decisão de Gordy não só garantiu que seu menino-prodígio continuasse a operar sob os auspícios da Motown, como entrou para a história da música: no dia 5 de agosto de 1975, Stevie assinou um contrato de 13 milhões de dólares para sete anos e sete álbuns, com uma taxa de royalties muito maior do que o normal (de 20%, segundo alguns relatos). Na época foi o contrato mais lucrativo realizado oficialmente, além de vir acompanhado de

---

[2] A marca registrada da Motown, o som Rhythm and Blues — R&B —, lutava para se redefinir na Era Disco; tanto Stevie Wonder como Marvin Gaye buscavam independência criativa na época em que a fórmula de produção em série da gravadora se tornava obsoleta. Naqueles anos, suas fileiras haviam perdido Four Tops, Gladys Knight & The Pips e os Isley Brothers; The Miracles partiriam em 1976, seguidos pelas Supremes (sem Diana Ross) em 1977. Até mesmo seu estelar time de compositores, Holland-Dozier-Holland, havia se separado em 1967 devido a discordâncias com relação ao pagamento de direitos autorais. Stevie é o único artista da gravadora que permanece no selo até hoje, desde que assinou com ela nos anos 1960.

algumas raras concessões: Stevie poderia escolher seus singles, trabalhar com os artistas que desejasse e, talvez a cláusula mais extraordinária, seria necessário que o artista aprovasse a venda da Motown caso Gordy decidisse fazê-lo.[3] Stevie também insistiu para que fosse cancelada a produção de uma antologia em três LPs de seus sucessos (do período entre 1962 e 1971) e que as 200 mil cópias existentes fossem destruídas.[4] "Nossa negociação com ele [Stevie] tornou-se a mais cansativa e desgastante que já tivemos", Gordy escreveria posteriormente, em 1994, em suas memórias. Ewart Abner, presidente da Motown na época da nova assinatura, comparou o novo acordo aos do passado: "Já não era uma questão de detalhes, de seis por meia dúzia. Estava mais para uma questão de oito ou oitenta." Era a segunda vez em cinco anos que Gordy e companhia garantiam a Stevie, em uma bandeja de prata, as exigências contratuais de um rei.

O enorme produto final de Stevie, um gigantesco rompimento das fronteiras do LP duplo, rendeu a Gordy uma enorme recompensa por seu esforço. *Songs in the Key of Life*, lançado como um LP duplo, mais um EP adicional com quatro canções, intitulado "A Something's Extra Bonus",[5] mais um encarte

---

[3] Stevie Wonder exerceu seu poder de veto duas vezes no início dos anos 1980. Gordy finalmente vendeu a Motown para a MCA no final dessa década; ela foi posteriormente adquirida pela Polygram em 1997 e se tornou uma subsidiária da Universal, dois anos depois.

[4] Seu plano de substituir seus "grandes hits" por um conjunto de dois ou três LPs de lados Bs nunca chegou a se concretizar, e não se sabe a razão exata. A antologia planejada originalmente foi lançada em 1977 sob o título de *Looking Back*, e é um dos poucos álbuns do catálogo de Stevie Wonder não disponíveis em CD.

[5] Os dois LPs e o EP bônus foram transformados em uma edição dupla de CDs. O LP1 encontra-se no primeiro CD e o LP2 e o EP se encontram no segundo CD.

com 24 páginas, estreou em primeiro lugar nas paradas no dia 8 de outubro de 1976. Ele permaneceria no topo durante 14 semanas consecutivas, um número fenomenal considerando que, enquanto álbum duplo, seu preço de tabela era bastante alto: 13,98 dólares. *Songs* foi o terceiro álbum na história das paradas de sucesso norte-americanas a garantir o primeiro lugar no lançamento — os dois primeiros foram *Captain Fantastic and The Broom Dirt Cowboy* e *Rock of the Westies*, ambos discos de Elton John lançados em 1975.[6] *Songs* foi também o quarto álbum dos anos 1970 de maior permanência nas paradas, superado apenas por *Rumours*, do Fleetwood Mac (1977, 31 semanas), a trilha sonora de *Os embalos de sábado à noite* (1977, 24 semanas) e *Tapestry*, de Carole King (1971, 15 semanas). O disco permaneceu oitenta semanas nas paradas, ganhou quatro Grammys em 1976, incluindo "álbum do ano", e emplacou dois singles em primeiro lugar, "Sir Duke" e "I Wish".

O público, sentindo o afastamento de Stevie durante 26 meses, estava ávido pelo novo produto: na época de seu lançamento, *Songs* vendeu mais rápido que qualquer álbum na história da música pop. As lojas de discos eram incapazes de manter cópias em suas prateleiras; as concorrentes da Motown começaram a adiar seus novos lançamentos para evitar con-

---

[6] *Songs* entrou nas paradas em primeiro lugar na época em que essas estatísticas realmente significavam algo. Levando em conta a inflação de certos fatores contemporâneos — das expectativas, do cenário musical como somente outro produto do mercado —, um álbum estrear em primeiro lugar se tornou uma ocorrência banal, algo até mesmo previsível para algumas das grandes gravadoras restantes e seus principais artistas. Se Wonder estivesse no auge de seu sucesso agora, não fazer uma entrada dramática no topo das paradas seria equivalente a assinar, contratualmente, a própria sentença de morte.

corrência desnecessária nas vendas. O inacreditável sucesso de *Songs* foi reflexo de sua época: depois de algumas décadas de desenvolvimento, o rock finalmente chegava ao topo da indústria norte-americana do entretenimento nos anos 1970.

A resposta da crítica foi igualmente entusiasmada, apesar dos preconceitos contraditórios que frequentemente abrigava. "Nossa reação inicial foi de cautela", escreveu John Rockwell em sua resenha no *New York Times*. "Álbuns duplos costumam representar um fracasso da autodisciplina, muito mais do que uma abundância de coisas a serem ditas... Mas, ainda assim, ele deve ser ouvido, e aqueles que não o valorizam como uma declaração de consciência e da identidade negra podem simplesmente ouvir a música, que é maravilhosa o bastante." Na lista dos melhores discos daquele fim de ano, segundo Rockwell, *Songs* apareceu no cobiçado primeiro lugar, descrito como "de uma exuberante inspiração musical, sendo ao mesmo tempo o álbum mais importante e mais divertido do ano". Robert Christgau assumiu o papel de esteta em conflito e, na sua resenha para o *Village Voice*, prova que até mesmo o mais exigente dos críticos poderia se impressionar e cobrir o disco de elogios. Depois de alternar esmeradas descrições dos prós ("perspicácia, compasso, variedade e dimensão") e dos contras (uma lista de "erros de concepção"), Christgau conclui que "como na maior parte das obras-primas do rock'n'roll, as falhas são parte do desafio e da diversão".[7]

Até mesmo para um artista extremamente bem-sucedido como Stevie Wonder, *Songs* alcançou magnífico sucesso crí-

---

[7] *Songs* encabeçou a pesquisa anual de críticos da *Voice*, Pazz & Jop, no ano de 1976. O álbum ficou na respeitosa posição de sexto lugar na lista pessoal de Christgau, entre Graham Parker & The Rumour e Kate & Anna McGarrigle.

tico e comercial e ainda, como veremos depois, antecipou uma nova consciência. Por meio do nascimento tumultuado desse produto, há muito tempo aguardado, construiu-se o caminho para um mítico patamar superior.

Steveland Morris[8] nasceu seis semanas antes do previsto. Não nasceu cego; o influxo de oxigênio que recebeu na incubadora do hospital, onde passou seus primeiros dias neste mundo físico, provavelmente foi a causa da perda da visão. Ele começou a vida com dois olhos danificados: um por causa de um nervo deslocado e outro por causa de uma catarata.

O atributo simbólico associado à cegueira é o de uma bênção recebida, algo paradoxal, dada a privação sensorial que lhe é inerente. Na mitologia grega, a cegueira é a marca do profeta. Tirésias é o exemplo supremo de um cego que pode enxergar além do mundo físico, diretamente no futuro (na realidade, esse personagem alegórico geralmente pode "ver" melhor do que qualquer um que possua o sentido da visão). Seu dom profético era uma espécie de prêmio de consolação sobrenatural pela má sorte que alterou sua vida. Em uma das versões de sua história, Hera o cegou como punição por ele ter discordado dela e de Zeus e, em troca, concedeu a ele o dom profético como uma espécie de prêmio de consolação; em outra versão, Atena o cega acidentalmente depois que ele a vê nua e, numa tentativa de compensação, presenteia-o com os poderes de um profeta. De todo modo, a profecia foi um dom recebido por Tirésias para, de alguma maneira, consertar um erro.

---

[8] Apesar de o verdadeiro sobrenome de Wonder ser Judkins (sobrenome de seu pai biológico) e de ele, por vezes, usar o sobrenome de seu padrasto e de seus dois meios-irmãos (Hardaway), o nome de sua certidão de nascimento era Morris (o nome de solteira de sua mãe).

No mundo moderno, a profecia assumiu diferentes formas. Ela deixou de ser personificada por sábios trajando mantos e vagando por aí, assim como deixou de ser mais uma prática financeiramente sustentável. O século XX — o século que deu à luz e alimentou as formas musicais (blues, country, jazz) que hoje reconhecemos e advogamos na cultura popular — teve mais do que a cota necessária de profetas musicais cegos, cujas previsões do âmbito cultural surgiram na forma de suas apresentações. As comunidades de blues dos anos 1920 e 1930, por exemplo, incluíam grande porcentagem de músicos cegos, cujas apresentações definiriam a paisagem estilística e lírica da música pop e do rock nas décadas seguintes. Entre eles se encontravam Blind Blake, que desenvolveu no violão uma técnica equivalente ao ragtime do piano; Blind Lemon Jefferson, criador do blues do Texas e o primeiro bluesman bem-sucedido comercialmente; Blind Willie Johnson e Blind Willie McTell, que desenvolveram estilos inconfundíveis de tocar guitarra slide e violão de 12 cordas, respectivamente; bem como muitos outros, Blind Boy Fuller, Blind John Davis, Blind Willie Davis e Rev. Gary Davis. O adjetivo *"blind"* [cego] fazia parte de seus nomes, chamando atenção para sua limitação e, possivelmente, servindo como afirmação de sua autenticidade. O fato de esses músicos serem cegos — e por isso sofrerem preconceito — assegurava, de certo modo, o dom musical da profecia que eles humildemente possuíam.

A cegueira de Stevie Wonder proporcionaria o fator necessário a ser utilizado pelo departamento de marketing da Motown: tratava-se de um menino-prodígio com talentos que eram potencializados pela deficiência que tão bravamente superava. Uma deficiência que compartilhava com Ray Charles, o homem que serviu como modelo para criarem o som e a imagem de Stevie.[9] Seu estilo R&B, cultivado no início de sua carreira, derivava de Ray Charles — assim como todo o R&B deriva de Ray Charles. Como o título de uma caixa lançada em 1991 com a compilação de suas canções dos anos 1950 na Atlantic Recordings — *O nascimento do soul* — apontava, Charles possibilitou o nascimento da música soul como a conhecemos. Qualquer um que tenha vindo depois se tornou discípulo de seu estilo e absorveu sua influência, intencionalmente ou não.

Ainda assim, apesar do oportunismo promocional da Motown ter alimentado tais comparações, a associação entre Stevie Wonder e Ray Charles possuía raízes mais profundas do que as coincidências superficiais. Ambos tiveram a percepção sonora extraordinariamente fortalecida por conta da falta da visão e, como resultado, manifestaram seus dons por meio da música. Ambos definiram os padrões da música soul em suas décadas, tornando suas criações parte do vocabulário musical popular. O R&B moderno nasceu junto com Steveland Morris. Ele surgiu numa década em que a música popular resistia a um incessante tumulto; as definições estabelecidas do rock e do soul estavam sendo manchadas e escandalizadas. Em meados do século XX, a música popular renascia, e Stevie — prematuro, mas capaz de uma acelerada maturação — nascia junto com ela.

Se as canções de Stevie costumam abusar da alegria, como um pai de primeira viagem que só tem olhos para a pureza, é por-

---

[9] O segundo álbum de Stevie, *Tribute to Uncle Ray* (1962), é uma coleção de covers das canções de Ray Charles com algumas canções originais inspiradas em sua música. Seu encarte descrevia, de maneira indiscreta, Stevie Wonder como "cego, uma similaridade que ele compartilha com um célebre músico e cantor atual".

que elas possuem uma forte proposta voltada para recomeços. Parece justo que Stevie imortalize o maior dos novos inícios — o nascimento — na forma de canção: "Isn't She Lovely", uma evocação do nascimento enquanto milagre, abre o lado três de *Songs* com um otimismo completo. Descendente da melosa "You Are the Sunshine of My Life" (de *Talking Book*), "Isn't She Lovely" não é somente a estrada que levaria a futuras overdoses de sentimentalismo, como "I Just Called to Say I Love You" (1984), mas também toca nos pontos mais vulneráveis que a música pop é capaz de abordar. Ela abre a segunda metade de *Songs*, primeiro com o choro de um bebê e depois com a simulação de um nascimento: tambores rufam enquanto o som de pandeiros, durante 12 segundos, anuncia a "chegada". O estilo de produção da música é um indicativo do *modus operandi* do artista nos anos 1970 (e o principal traço de *Songs*): múltiplos canais de sintetizadores e teclados lado a lado, elasticamente ligados por um tipo de feitiçaria sincrônica, balbuciando, borbulhando e dialogando através do espaço, no som estéreo.

Estruturalmente nada mais do que uma estrofe e um refrão repetidos *ad infinitum* — na realidade uma versão um pouco mais complexa de "I Was Made to Love Her" —, "Isn't She Lovely" é carregada de um otimismo incansável. A canção — que é uma ode cheia de alegria para a filha recém-nascida de Stevie, Aisha — se passa no momento imediatamente posterior ao nascimento. O objeto de sua afeição tem "menos de um minuto de idade" [less than one minute old]. O narrador está impressionado com o fato de algo tão adorável ter sido "feito de amor" [made of love]. Sons de um parto de verdade foram editados na mixagem, bem como o som de Stevie dando banho em Aisha e se maravilhando com quanto ela é adorável. Esses sons produzem uma impressão cinemática de cenas tiradas da vida real, muito parecidas com o trecho realizado anos antes em "Living for the City", de *Innervisions* (uma vinheta da traumática chegada do protagonista a Nova York). Quando, imediatamente antes do refrão, a pergunta é feita, a melodia suaviza e quase silencia, ressaltando os versos de hesitação de "eu nunca" [I never], "não posso acreditar" [I can't believe] ou "isso nunca poderia ter acontecido" [It could have never been], com essa pequena privação da "estabilidade" melódica. Ainda que esse senso de incerteza resida nos limites da canção, "Isn't She Lovely" não é contaminada pelas outras preocupações do disco. É uma canção composta para o momento, um momento em que a inocência é incorruptível e o medo, inexistente.

A paternidade é um milagre que pode abalar as firmes máscaras que os compositores carregam. O nascimento de uma criança provoca instintos "paternais" que, em outros casos, seriam eliminados do vocabulário do rock'n'roll. Para alguns compositores, a única coisa pior do que se apaixonar é se tornar pai. "Isn't She Lovely" serve perfeitamente a esse debate. A canção é um microcosmo da maior fraqueza de Stevie: a propensão a um otimismo cor-de-rosa que prejudica sua sensibilidade mais crítica, no estilo de "Living for the City" — como uma criptonita com instinto maternal. Sua enorme alegria não se reflete somente nas letras, ela percorre toda a canção; como um gospel louvando um dia de sol, um jorro de beleza irradiante que pode irritar até o maior detensor do pop.

Contudo, encarar a canção desse modo — melosa, ingênua e ridiculamente positiva — reflete apenas o criticismo automático cultivado pela ironia pós-moderna e egocêntrica onde acabamos presos. Como adolescentes rindo da terminologia utilizada nas aulas de educação sexual, geralmente não nos permitimos uma audição que não seja contaminada pela zombaria. Ao eliminarmos as pretensiosas muralhas do sarcasmo — que costumam posar de senso crítico —, o real espírito da canção se revela: a primorosa progressão melódica, o vocal apaixonado enredado em sua própria efervescência, o impecável solo na gaita cromática.[10] Além disso, "Isn't She Lovely" contribui para a profundidade temática do álbum, servindo como antídoto para algumas das canções sobre escuridão e desespero, e prometendo uma perspectiva mais iluminada para o segundo LP. Como uma mensagem contrária aos momentos mais pessimistas, a canção serve de complemento emocional ao álbum.

Esse seria também um bom exemplo do estilo do artista em estúdio, com a "banda de um homem só", a orquestra funk composta por um único indivíduo, produzida com overdubs, muito usados na época.[11] Ainda que cada parte fosse gravada separadamente, uma sobre a outra (com o auxílio de um metrônomo), os diversos canais instrumentais se combinavam como se se tratasse de um grupo de músicos muito bem ensaiados. (Nathan Watts, baixista de Stevie na época, originalmente gravou uma linha de baixo para "Isn't She Lovely", que o artista substituiu pelo seu próprio baixo do teclado na versão final da

---

[10] A gaita cromática, o instrumento mais utilizado por Wonder em sua juventude, é caracterizada por seu tom jovial, acompanhamento perfeito para uma canção como "Isn't She Lovely". Ela difere da gaita diatônica (mais comumente utilizada no rock) pelo fato de não permitir o "bending" nem o "overblowing", técnicas que caracterizam um som mais vulgar, orientado para o blues.

[11] Supostamente, Gregory Phillinganes toca teclado em "Isn't She Lovely", apesar de Stevie estar sozinho em todas as outras faixas da canção. No total, somente em três canções de *Songs* encontramos o artista realmente sozinho — "Have a Talk With God", "Village Ghetto Land" e "Knocks Me Off My Feet" —, ainda que boa parte das canções do disco contasse com colaborações mínimas de outros músicos.

canção. O mesmo método foi empregado em "Knocks Me Off My Feet".) O emblemático estilo da bateria de Stevie, tão descontraído que, por vezes, ameaça perder a batida, embala a grossa mistura de teclados e sintetizadores em sua marcha assimétrica. A escolha do acorde de vozes favorecida pelo teclado pulsante é vividamente voltada para o jazz. Há uma sensação de "abertura" que permeia o sétimo e o nono acordes e domina cada verso. A escala de dez notas percorrida depois de cada refrão ("Isn't she lovely made from love" [ela não é adoravelmente feita de amor]), acentuada nos dois polos da batida, é — como a essência de uma canção de jazz — o que de forma recorrente nos transporta ao início da canção novamente. Talvez o que a abundante alegria da canção mais mascare seja a complexidade de sua construção.

Apesar da demanda do público, "Isn't She Lovely" nunca foi lançada como single. Seus seis minutos de duração teriam exigido uma boa edição para que coubesse em um compacto, e Stevie relutava em fazer qualquer alteração. Em 1977, David Parton, artista de um sucesso só, gravou uma versão de quatro minutos da canção, atingindo o quarto lugar das paradas britânicas. Ainda que musicalmente fiel à canção original, a versão de Parton é sobrecarregada com um vibrato instável, que, infelizmente, lembra uma cabra despencando da encosta de uma montanha. Essa que foi a única canção que o alçou à fama desde então foi relegada a compilações de "*love songs*" dos anos 1970.

Se voltarmos ao início de tudo, em "Love's in Need of Love Today" — a canção que dá a partida de *Songs* — veremos que o incansável otimismo de Stevie subsiste até mesmo em circunstâncias menos do que promissoras. Como passageiro deste planeta ingrato, e até mesmo como homem de fé, Stevie deveria pensar duas vezes antes de propagar atitudes "*new *age*" e maneiras de alcançar a paz e a felicidade. É difícil de acreditar que uma canção pop seria capaz de reinventar uma das crenças mais clichês da humanidade: o amor, a mais fácil e a mais gratificante das relações sociais, está sempre em falta.

Contudo, a tenacidade ideológica de Stevie é marcada por sua paciência de santo. E, além disso, ele não tem problemas em implorar, principalmente quando a harmonia mundial está em jogo. "Love's in Need of Love Today" é a prece resultante, aveludada e devota, como uma declaração urgente que traz calma. "Good morn or evening friends/ Here's your friendly announcer/ I have serious news to pass onto everybody" [Bom dia ou boa noite, amigos/ Aqui é o seu amigo locutor/ Eu tenho sérias notícias a dar para todos]: as primeiras palavras do disco — da perspectiva de um DJ ou de um pastor, ou de alguém que está servindo de veículo divino — são seu lema, acalmando e disseminando a informação. É uma faixa de "declaração" no estilo de "Sgt. Pepper's Lonely Hearts Club Band" ou da faixa-título de *The Village Green Preservation Society*; o narrador fala diretamente com o ouvinte e detalha suas preocupações sobre a atual batalha entre amor e ódio, um tópico que o álbum carrega durante seus 105 minutos.

Da mesma maneira que em "Isn't She Lovely", "Love's in Need of Love Today" foi inteiramente gravada por Stevie, com exceção da "collinga", instrumento de percussão de Eddie "Bongo" Brown. A urgência da canção não se encontra em seu tom (na realidade, é uma das canções de sonoridade mais suave do álbum), mas em sua repetição. Durante sete minutos de persuasão, a repetição ("love's... in need... of love... today" [o amor... necessita... de amor... hoje]) constrói sua própria tensão ("hate's... goin' round... breaking many hearts" [o ódio... circula... partindo muitos corações]) ao apresentar uma declaração simples e definitiva, reforçando-a. Na tradição da música gospel — e, mais adjacentemente, nas tendências inspiradas no gospel dos anos 1970 —, muitas das canções de *Songs* são "antissingles" com durações de seis, sete ou oito minutos por causa da repetição de conceitos. "Love's in Need of Love Today" é um bom exemplo disso, abrindo com um coro gospel *a capella* — com overdubs da voz de Stevie — e continuando para além do esquema de "pergunta e resposta" do refrão (o coro final se inicia em 2'25'' e se estende até o fim da canção, quase cinco minutos depois). O vocal de Stevie encarna a desconhecida voz do "amigo locutor", trabalhando nos vocais de uma maneira inspirada e suave.

Esses longos coros e refrãos — uma marca da inclinação artística de Stevie nos anos 1970, com seus primeiros indícios aparecendo na versão ao vivo de "Fingertips, Pt. 2", de 1963, que tinha mais de sete minutos — sugerem, ao mesmo tempo, uma influência do R&B gospel de Ray Charles, em canções como "What'd I Say (Pts. 1 and 2)", de 1959, e uma tentativa de superá-las. Elas compartilham um mesmo estilo que as longas canções de soul compostas por Isaac Hayes, com o tratamento dado ao funk pelo Parliament-Funkadelic e por James Brown, e também com os formatos mais tradicionais do pop cubano e o do Oeste africano. Até mesmo os The Temptations — cuja divergência do modelo da Motown no final dos anos 1960 e início dos anos 1970 ofereceu a Stevie uma bagagem ideológica e estrutural — compunham canções que ultrapassavam a marca dos dez minutos. Os gritos improvisados e atléticos de Brown podiam ser bastante conflituosos ("I don't know karate, but I know ka-razy!" [Eu não sei karatê, mas sei ser louco!]). Esses seus gritos insistentes, que provocavam um aumento de tensão, eram impregnados de sexo e autoridade. As batidas prolongadas de Stevie não deixavam seu público agitado como em um assalto à mão armada, como Brown poderia fazer: elas eram rápidas, mas não apressadas; modernas, mas não extenuantes.

Nesse aspecto, Hayes talvez seja o contemporâneo que mais se aproxime de Stevie. Além de ter lançado dois álbuns duplos no mesmo ano (1971), *Shaft* e *Black Moses*,[12] o prazer que sentia em prolongar infinitamente suas músicas ("Walk on By", com seus 12 minutos, e "By the Time I Get to Phoenix", com seus quase 19, constituem a maior parte de seu álbum de 1969, *Hot Buttered Soul*) fez com que a "gospelização" do pop entrasse em voga. A música de Hayes, contudo, nunca deixou o tangível reino da imaginação mundana. Ela é enfeitada, delicada e toda carnal, como uma trama de nostalgia tempestuosa e movimentos pélvicos. Em uma resenha de 1976, o crítico Simon Frith escreveu que "o consenso estabelecido era que [Hayes] tinha fundado um novo tipo de soul, atraente e acessível para todos". O comentário de Frith vai direto ao ponto no que diz respeito ao papo furado sedutor de Hayes. É claramente o produto de uma era, um estilo que ressoará para sempre ao lado de certas tendências da moda e do estilo de vida da época — seu impacto é restrito aos confins de uma cápsula temporal, uma névoa divertida e culturalmente arcaica de guitarras wah-wah.

Por outro lado, "Love's in Need of Love Today" tem uma temática mais social do que sensual, uma vez que sua existência foi provocada por uma frustrante acumulação de acontecimentos pesarosos. A renúncia de Nixon, o escândalo Watergate e o

---

[12] A capa original de *Black Moses* era, incidentalmente, tão audaciosa quanto se poderia esperar, um elaborado *display* de autopromoção que desbancaria a capa de *Songs*. Ao abrir o encarte do disco, este tomava a forma de um crucifixo gigante com uma foto de Hayes vestindo um manto.

confuso fim da Guerra do Vietnã ainda poluíam o espírito coletivo da década; o clima de corrupção e trapaça não ajudou a aliviar a enorme paranoia que havia se instalado como mofo. Enquanto as canções anteriores de Stevie ("Superstition", "Big Brother", "Living for the City") simpatizavam com a reação cética do R&B com relação à paranoia, "Love's in Need of Love Today" almejava recuperar a esperança, encontrar uma objetividade luzente nos escombros dos recentes desastres morais, bem como "Put Your Hands Together" (1973), de O'Jays. Nos anos anteriores, Stevie havia atacado Nixon diretamente com a cínica "He's Misstra Know It All" e com a completamente desdenhosa "You Haven't Done Nothin'". Agora, com toda a paciência, ele procurava tirar uma lição do ocorrido.

A abertura de *Songs in the Key of Life* nos desarma emocionalmente. Sem usar palavras, as harmonias da voz de Stevie, gravadas em multicanais, se misturam umas às outras e arrastam a melodia para um local de repouso. É música pop sagrada, como "Our Prayer", dos Beach Boys, sem o peso da Igreja católica. Depois de o piano Rhodes emitir calmamente os acordes de um compasso, os acompanhamentos (baixo, tambores, triângulo e clavinete) entram contidos, nunca espalhafatosos. Até mesmo a frequência de um instrumento de percussão como a caixa (uma por compasso, na segunda batida) rovola o comedimento da faixa. A voz de Stevie é o que anuncia, incita e acalma; o acompanhamento musical se mantém em uma constância impassível, um lembrete subversivo de que a calma é o que geralmente sustenta um argumento.

Logo após os ataques terroristas, em 11 de setembro de 2001, Stevie tocou, acompanhado pelo Take 6, "Love's in Need of Love Today" durante um evento de arrecadação de verba, ao vivo na televisão: *America: A Tribute to Heroes*.[13] A canção serviu como um sensível apelo para uma união idílica quando — 25 anos depois de ser composta e gravada — os corações estavam novamente contaminados pelo medo, pela paranoia e pelo ódio, de modo avassalador. Alguns versos, todavia, fizeram o papel de uma sutil profecia para a ameaça à liberdade que surgiria nos Estados Unidos: "We all must take precautionary measures/ If peace and love you treasure" [Devemos tomar medidas de precaução/ Se valorizamos a paz e o amor] é um trecho que, particularmente, da perspectiva atual, parece ter previsto a invasiva atmosfera de uma nação se encolhendo perante o *Patriot Act*.[14]

A narrativa de "Joy Inside My Tears" não dá detalhes específicos sobre o objeto de sua afeição, contudo, tendo em vista que a canção surge logo após "Isn't She Lovely", podemos presumir que ela trata dos efeitos de uma criança sobre seu pai. De fato, as duas canções em sequência, uma ao lado da outra, apresentam um retrato mais inteligível de como as emoções vividas no distante momento do nascimento ressoam durante a vida. O cantor fala para seu "bebê" — "baby", é claro, pode ser interpretado como um modo de tratamento carinhoso, endereçado à pessoa amada, mas ficaremos com seu uso mais literal, útil a nossos propósitos —, aquele que fez o impossível, renovando a esperança onde parecia não haver nenhuma, simplesmente ao nascer. Essa mudança de energia no álbum é séria, e tão profunda,

---

[13] A colaboração entre os artistas renderia um Grammy em 2002, na categoria "Melhor apresentação de R&B por uma dupla ou grupo musical".
[14] *USA Patriot Act*, ou "Lei Patriótica", como é conhecido em português, foi um decreto assinado por George W. Bush logo após o 11 de Setembro de 2001 com o intuito de controlar atos de terrorismo, permitindo uma série de medidas radicais de segurança. [N.E.]

que a declaração do artista requer explicação: "I've always come to the conclusion that 'but' is the way/ Of asking for permission to lay something heavy on one's head" [Sempre cheguei à conclusão de que "mas" é o caminho/ De pedir permissão para largar algo pesado na cabeça de alguém]. Uma maneira simples de pedir perdão à pessoa a quem se endereça, correto? Um reconhecimento, nos primeiros versos da canção, de que esse tipo de conversa (um tanto direta, distorcida por uma conjunção de três letras aparentemente inofensiva) é a porta de entrada para uma conversa mais profunda. O cantor faz então exatamente o que parece estar pregando contra, mas continua em concordância com seu gentil aviso: "So I have tried to not be the one who'll fall into that line/ But what I feel inside I think you should know" [Então tenho tentado não ser o que usará aquela frase/ Mas acho que você deve saber o que eu sinto]. E ele parte, com a palavra "mas", deixando algo pesado na cabeça de alguém. O nascimento se origina com uma enorme dor e aumenta em seguida, no lampejo de uma nova canção, amenizando outras enormes dores que vieram antes. É o mesmo ciclo se repetindo, aquele que pouco se importa com as tentativas de burlá-lo, alternando beleza e dor novamente, embaralhando o bem e o mal. Essa é a herança emocional pela qual o nascimento é responsável, a bagunça espinhosa, complicada e completamente obrigatória pela qual devemos navegar.

"Joy Inside My Tears" se utiliza ao máximo da técnica de repetição observada pela primeira vez em "Love's in Need of Love Today". O refrão é curto e apropriadamente emocional, mas explorado em uma velocidade lenta, cautelosa: "You have done what no one thought could be/ You've brought some joy inside my tears" [Você fez o que ninguém acreditou ser possível/ Trouxe um pouco de alegria para dentro de minhas lágrimas].

A batida vagarosa da bateria de Stevie, acompanhada pelos pratos de condução e ataque e pelos tambores, anuncia a canção como uma balada no sentido mais arrebatador, mais do que em "Love's in Need of Love Today", que não pertence ao mesmo sentimento de "sistema nervoso em frangalhos". Com aproximadamente 6'30", "Joy Inside My Tears" é um pouco mais curta do que a canção que abre o álbum, mas parece ter o triplo de duração.

Esse tempo arrastado da execução se deve muito à maneira como a canção é arranjada e ordenada. Ela é a segunda faixa do lado A do segundo LP, vindo logo depois de "Isn't She Lovely". A diferença de energia entre as duas não poderia ser mais óbvia. A estrutura instrumental de "Joy Inside My Tears" é um grande bloco de seriedade: o piano é quase afogado por sintetizadores irascíveis; o baixo do teclado passeia por toda a música, sobressaindo bruscamente de vez em quando. A melodia revela somente o ritmo desacelerado, trabalhando sobre muitas das sílabas da letra ("history" se torna um fatigante "his-to-ry"; "hey" é dividido em "hey-ey-ey-ey") e produzindo repetições obsessivas de palavras menores ("baby baby baby"; "you you you"). Essa manipulação da linguagem faz com que a progressão da canção pareça estar travada ou suspensa, quando na realidade continua seguindo em frente; mesmo alternando a inflexão nas palavras repetidas, Stevie não consegue vencer a forte presença da melodia. É um longo exorcismo da emoção, uma sangria do fervor gospel e de um amor revoltoso, uma ode feita como de joelhos, uma mistura exaustiva de penitência e oração.

Por volta da metade de sua duração, a música parece se encaminhar para o fim; até mesmo o vocal de Stevie parece caminhar em direção a uma tranquila conclusão. Mas o que soa como um *finale* se torna uma nova oportunidade para retomar o refrão uma vez mais e deixá-lo seguir por mais três minutos ininterruptos. A música se esconde, como uma introspecção, e resiste a uma mudança, repetindo sua estrutura. A canção se distancia completamente do jazz: é previsível, tem os pés no chão e é reticente a qualquer improviso. Apesar de tudo o que parece ir contra ela, "Joy Inside My Tears" funciona tremendamente — tão bem, na realidade, que quando finalmente diminui o ritmo e se encaminha para o inevitável término, nos lembramos do falso fim, no meio da canção, e esperamos que ela recomece. Seu sucesso é garantido pelo fervoroso vocal de Stevie na segunda metade da canção — novamente os tons de um pregador gospel como em "Love's in Need of Love Today" —, que inicialmente é formado por gravações multicanais, divididas entre o canal esquerdo e o direito, e depois reforçadas pela oitava superior do canto de Susaye Green.[15] Um vocal se separa do todo, provocando o contínuo refrão com gritos urgentes de "baby-baby-baby" e se lançando de cabeça em um ritmo sem palavras, as sílabas se mutilando, rastejando em tormento; ele molda suas melodias sinuosas compulsivamente, se enrolando em volta da laboriosa batida. Cada açoite nos pratos é uma provocação para novos apelos vocais.

Para afirmar e reafirmar: "Joy Inside My Tears" testemunha a origem de uma nova vida e a exalta. Mais do que o clichê de "Parabéns pra você", a canção é uma dedicatória urgente

---

[15] Green foi uma Supreme de terceira geração: substituiu Cindy Birdsong, que havia substituído a Supreme original, Florence Ballard. Ao lado de Scherrie Payne e Mary Wilson, Green esteve envolvida na gravação dos dois últimos álbuns de estúdio do grupo: *High Energy* e *Mary Scherrie and Susaye* (ambos de 1976). Em 1979, uma canção que ela coescrevera com Stevie Wonder, "I Can't Help It", acabou sendo gravada no disco *Off the Wall*, de Michael Jackson.

("Devo gritar isso, baby!", Stevie exclama) a tudo aquilo que está envolvido na concepção, e que se desdobrará, no futuro, em algo muito distante de sua origem.

II. Inocência

> And as I was green and carefree, famous among the barns
> About the happy yard and singing as the farm was home,
> In the sun that is young once only,
> Time let me play and be
> Golden in the mercy of his means,
> And green and golden I was huntsman and herdsman, the calves
> Sang to my horn, the foxes on the hills barked clear and cold,
> And the sabbath rang slowly
> In the pebbles of the holy streams.
>
> — DYLAN THOMAS, "FERN HILL"

O problema da inocência é que ela nos escapa: uma vez que somos empurrados do conforto da adolescência para a maturidade, é difícil retornar a uma mentalidade menos esclarecida. A inocência é também guardiã de muitas emoções — vergonha, remorso, culpa, ingenuidade — que aterrorizam nosso respeitável e fraco posto de adulto. Logo, envelhecer é um acúmulo de constrangimentos infelizes, uma inevitável gradação para uma moral mais endurecida.

Em seu livro *Canções de inocência e da experiência*, William Blake lamenta essa transição ao relembrar as esquecidas imagens da infância; sua grande ambição era idealizar um mundo que cada vez mais rejeitasse essa generosidade romântica, reconciliando a perda da inocência por meio da experiência. É no precipício de Blake que nos empoleiramos, divididos entre a vontade de adentrar o mundo adulto e manter a irresponsabilidade infantil. Se, como R. Kelly quer nos fazer crer, "a idade não é nada além de um número", então continuaremos oscilando nesse precipício ao longo dos anos, sendo acalmados pela regressão e repreendidos pela maturidade.

O rock'n'roll — um exercício de juventude, forjado muito longe das fronteiras sociais da inocência — aspira realizar um truque do mesmo tipo. Fala para uma juventude impressionável e ridiculariza, até mesmo engana, aqueles de idade avançada. A máxima "quero morrer jovem", enquanto clichê, se mantém como a perspectiva que guia a visão do rock. Ainda que seja verdade que o rock e o soul tenham sido construídos pela história — o rock, em particular, é um movimento que constantemente cita a história sobre a qual se ergueu —, ambos evitam arcaísmos a todo custo. Na realidade, é provável que o rock'n'roll seja a única forma de arte contemporânea totalmente dependente de seu passado (o grande riff deste ano é a reciclagem de algum dos anos 1960, do mesmo modo que o riff dos anos 1960 é a reciclagem de um riff de blues), mas ainda assim tenta disfarçar os rastros de sua estabelecida maturidade.

Apoderar-se da autonomia da vida adulta coloca aquilo que constitui a adolescência em risco: adaptando ao vocabulário roqueiro, os que saem por aí fazendo merda correm o risco de que uma grande merda aconteça com eles. Por incrível que pareça, Stevie era capaz de trafegar nas duas direções: conservava sucesso e relevância enormes, mas tinha a audácia de flertar com a juventude e de seguir adiante, até a equilibrada vida adulta. Em 1973, quando ainda vivia os resquícios da adolescência, Stevie falou sobre suas incursões a um tipo de experimentação musical mais madura: "Adoro me meter nas coisas mais esquisitas possíveis", ele disse à *Rolling Stone*. Não importava de que lado o vento daquele penhasco soprasse, Stevie sempre se inclinava para uma área de conforto.

O único outro artista pop dos anos 1960 e 1970 a invocar os encantos esquecidos da infância com enorme sucesso foi Harry Nilsson, que ampliou os experimentos infantis do *White Album* dos Beatles em ícones do pop como "Cuddly Toy" (1967) e na trilha do desenho de 1970, *The Point!*. Até mesmo "One" (1968), seu hino de desolação existencial, soa como uma regressão à adolescência. As composições afetadas de Nilsson são retocadas voltas ao passado. Melódica e contextualmente, são trechos singulares de sua memória. Escutá-las é como sonhar acordado.[16]

As canções de inocência de Stevie são mais um modelo de trabalho do que dioramas de Nilsson: são dinâmicas, vigorosas e cheias de detalhes, e funcionam como veículos para pedaços de imaturidade que escapam à consciência adulta. Em vez de elaborar atmosferas fantásticas, Stevie regride com a autoridade do método de Stanislavski. *Songs*, particularmente, trata de maneira inteligente a ingenuidade ("Ngiculela — Es Una Historia I Am Singing" e a crença de que uma mensagem positiva possa instigar a mudança), a credulidade (intitulada

---

[16] Os trabalhos perversos e debochados da segunda metade da carreira de Nilsson enfatizaram a inocência de sua produção anterior pela forma como parecem cobiçar, inadequadamente, suas realizações passadas.

"All Day Sucker" e as questões mais delicadas quando se é enganado), a inexperiência ("Ordinary Pain", como uma perspectiva egocêntrica, resultado da falta de referência, ampliando as atribulações pessoais) e, talvez o que é mais significativo, a tentativa de recuperar o que se perde quando a inocência desaparece: "I Wish" atira em direção ao irreprimível e "Easy Goin' Evening (My Mama's Call)" preserva tudo de modo a desafiar o envelhecimento.

A adolescência de Stevie foi delineada pelos interesses da Motown. Sua infância foi um prolongado ensaio do estrelato que o acompanharia pela vida, sob a égide do presidente da gravadora, Berry Gordy. Motown, ou "O som da jovem América": a escola ideal para chegar às paradas de sucesso, um local fantástico para sua formação, para estar cercado de pessoas do nível de Smokey Robinson,[17] Marvin Gaye, Diana Ross e James Jamerson. O nome artístico de Stevie, dado a ele por Gordy (a história exata tem muitas versões), chamava a atenção para os talentos quase milagrosos de um jovem cego, como um apresentador de circo. "O pequeno Stevie Wonder, o gênio de 12 anos!" A Motown era o comerciante enérgico e Stevie a mercadoria que desafiava a lógica.

Praticamente por osmose, Stevie absorveu o estilo de muitos de seus companheiros de selo: a entrega compassada de Gaye, a efervescência de Ross e a delicadeza de Robinson com as minúcias da estrutura das canções. Suas imitações transcendiam o simples mimetismo; se tornaram tão lendárias

---

[17] Stevie Wonder viria a colaborar com Robinson, escrevendo "The Tears of a Clown" para The Miracle, um hit de sucesso que chegou ao primeiro lugar das paradas americanas e da Inglaterra, em 1967.

entre os artistas da Motown que era difícil separar o imitador do imitado. A eterna alegria que exalava de Stevie tornou-se uma espécie de característica onipresente, que adicionou outra dimensão criativa à união dos que compartilhavam o selo. Na época de sua adolescência, quando pensar de forma criativa não era necessariamente uma opção viável, ele procurou ter uma presença única dentro dos moldes definidos por seus empregadores. Menos de um ano após a data de lançamento de seu primeiro single, essa presença única garantiu à Motown o primeiro lugar nas paradas pela segunda vez com "Fingertips, Pt. 2",[18] de 1963. *The 12 Year Old Genius Album* (com Gaye na bateria), de onde essa música se originava, também seria o primeiro disco do selo a alcançar o número um nas paradas.

Contudo, o acordo feito entre gravadora e artista beneficiou somente um lado durante quase dez anos. O contrato que a mãe de Stevie assinou não só permitia que um advogado da empresa agisse como seu guardião legal, como vinculava seus rendimentos a um fundo de poupança a que Stevie só teria acesso quando completasse 21 anos. Essa não era uma prática incomum na Motown — muitos assinaram contratos abrindo mão dos direitos de publicação e apresentação quando entraram na empresa. O acordo de Stevie propiciava um abono mais do que insignificante de 2,5 dólares por semana. Então quando "Fingertips, Pt. 2" chegou ao primeiro lugar das paradas em 1963, quando "Uptight (Everything's Alright)" alcançou o terceiro em 1966, quando "I Was Made to Love Her" chegou ao segundo em 1967, quando "For Once in My Life" foi segundo novamente em 1968 e quando "Signed,

---

[18] O primeiro disco da gravadora a chegar ao topo das paradas foi "Please Mr. Postman", das Marvellettes (1961).

Sealed, Delivered I'm Yours" chegou em terceiro, em 1970, Stevie recebeu uma quantia modesta. Apesar de a quantia semanal recebida estar longe de ser uma recompensa generosa, o acúmulo de royalties acabaria servindo a um inesperado (ou talvez premeditado) propósito de Stevie, quando este atingisse a maioridade legal.

Como Orson Welles antes dele, Stevie foi declarado menino-prodígio, uma designação pública que, indiscutivelmente, afetou o modo como trabalhava (e, consequentemente, o que se esperava de seu trabalho). Do mesmo modo como o princípio da incerteza de Heisenberg ilustra que um objeto observado é inextricavelmente alterado pela mera observação, as pessoas também mudam quando são rotuladas como únicas. Ambos eram jovens prodígios que receberam as chaves dos respectivos reinos ainda muito novos e, talvez, dada a liberdade garantida para que cultivassem suas mentes incomuns, libertaram a parte mais potente de seu veio criativo quando ainda estavam na faixa dos vinte anos. Enquanto Welles rapidamente incendiava sua própria carreira, Stevie não poderia errar. É claro que os executivos do estúdio RKO lamentaram o dia em que deram carta branca para todos os caprichos de Welles em *Cidadão Kane*; inversamente, é provável que Gordy se lembre de assinar o cheque multimilionário para Stevie com carinho. Proporcionar à criatividade (ou ao gênio) os meios para realizar suas ambições é um risco calculado — risco justificável quando o público confirma o valor de sua obra.

Stevie teve uma admirável sequência de sucessos nos anos 1960, praticamente um por ano durante a segunda metade da década. Poderiam ter existido mais deles — Stevie teria muito mais a mostrar para o público, mas tomou uma decisão consciente de guardar muitas de suas melhores ideias até completar

18 anos. Ele compreendia que essas ideias eram, segundo os documentos legais, ideias da Motown e não suas; logo, teve a precaução de compartimentá-las. Estocou canções em sua cabeça, segredos reveladores mantidos longe daqueles que buscavam lucrar com eles. A transformação artística de Stevie ocorria em total privacidade. Todos, incluindo seu empregador, teriam que esperar até que ele atingisse a maioridade para ter algum vislumbre.

Enquanto isso, a Motown preparava Stevie para se tornar praticamente um espetáculo de Las Vegas. O show ao vivo do cantor seguia os passos dos planos da Motown no que se referia a espetáculos com luxuosos jantares (no estilo de *The Supremes Sing Rodgers & Hart*, de 1967, das Supremes); Stevie liderava "big bands" em shows que apresentavam versões tensas de sucessos do selo de Detroit, e seus superiores esperavam que ele fizesse isso por tempo indeterminado. Quando o momento de sua maturidade oficial se aproximava, Stevie deixou suas intenções artísticas incrivelmente claras, por meio de palavras e de ações: apontou o single de psych-funk "Cloud Nine" (dos Temptations, lançado em 1968) como uma direção criativa para sua carreira e para a Motown;[19] e, em 1970, lançou sua versão

---

[19] A conexão entre Stevie Wonder e seus companheiros de selo, The Temptations, é profunda. O álbum lançado em 1969 pelo grupo, *Cloud Nine* (a primeira entre inúmeras colaborações históricas com o produtor Norman Whitfield), sinalizou uma mudança no som característico da Motown, separando as harmonias vocais, antes inseparáveis, e explorando os princípios mais desprendidos do funk. *Puzzle People*, lançado mais tarde naquele mesmo ano, intensificou a consciência social com canções como "Slave" e "Message from a Black Man". Stevie, que tinha observado a banda se desenvolver desde que era criança, enxergou essa "nova ordem mundial do funk" como o futuro da música soul e juntou a ela sua voz. As músicas dos Temptations compreendiam toda uma gama

de "We Can Work It Out", dos Beatles — a primeira faixa que ele tocou, produziu e arranjou sozinho. Embora ninguém soubesse ainda, "Cloud Nine" estabeleceu um padrão conceitual para seu trabalho durante toda a década de 1970 e "We Can Work It Out" demonstrou como seu estilo de trabalho funcionaria. Até mesmo os ajustes do modelo da Motown nos anos 1970 — estimulados pelo esforço de artistas como Stevie, muitas vezes chamados de "frutos amadurecidos da Motown" — são emblemas de sua transição para além dos modelos adolescentes que cultivou por tanto tempo.

Antes de Stevie se envolver em um impasse contratual que o conduziria ao trabalho inovador de sua vida adulta, ele lançou o disco *Where I'm Coming From* (1971). Este foi o primeiro LP do cantor produzido e com todos os instrumentos tocados inteiramente por ele mesmo, a primeira vez que Gordy lhe concedeu o controle criativo completo. Seu conteúdo lírico (inspirado no desastre do Vietnã) e o teor musical (distanciado da estética *low-fi* da Motown) indicavam uma enorme mudança nas ideias e nos sons que Stevie se interessava em perseguir. Apesar de estar longe de ser o álbum mais bem-sucedido do cantor, *Where I'm Coming From* foi extremamente importante como precursor de uma grande mudança, e destruiu qualquer semelhança com o Pequeno Stevie Wonder que poderia ter restado em alguma mente desatualizada.

Em 13 de maio de 1971, o dia em que Stevie completou 21 anos — quando oficialmente atingiu a maioridade e pôde, aos

---

de emoções, da indignação, como em "Ball of Confusion (That's What the World Is Today)", ao otimismo ("Friendship Train"). "Smiling Faces Sometimes", o single de 1970 que rendeu um enorme sucesso para *Undisputed Truth*, compartilhava a mesma paranoia contagiosa de "Superstition".

olhos da lei, deixar a adolescência para sempre —, Gordy organizou uma enorme festa de aniversário para celebrar a ocasião. Na manhã seguinte, por meio de seu advogado, Stevie notificou Gordy que seus contratos com a Motown estavam concluídos e que ele estava assumindo o fundo de poupança de oito anos, que superava a quantia de 1 milhão de dólares. Quando a mensagem foi entregue, Stevie já tinha partido em um voo de Detroit para Nova York, onde havia reservado um quarto no Holiday Inn da West 57th e um horário no Electric Lady Studios de Jimi Hendrix. Seus rendimentos foram todos empregados na produção do que se tornaria *Music of My Mind*. Pela primeira vez em sua vida ele estava fazendo um disco que seria financiado e criado inteiramente por ele mesmo.

Nova York, ao lado de Los Angeles, tornou-se uma das cidades favoritas de Stevie, que dividia seu tempo entre alguns dos mais importantes estúdios do país. Para *Songs*, ele reservou o estúdio Crystal Industries, em Hollywood, The Record Plant em Los Angeles e em Sausalito, Califórnia (onde o Fleetwood Mac gravou *Rumours*), além do Hit Factory, em Nova York. O Hit Factory, desativado em 2005, deu início a um modelo de trabalho para a nova geração de estúdios de alto nível, estúdios de gravação com "tudo incluído" que a década de 1970 inaugurou com seu excesso. Com 100 mil metros quadrados distribuídos por seis andares, o Hit Factory ostentava brilho, esplendor e mimos extravagantes: possuía sete estúdios, cinco suítes de masterização, um apartamento para os artistas, academia e até mesmo uma sauna em suas dependências. Incorporava a mitológica vida do "rockstar" em sua arquitetura, um ambiente luxuoso e exclusivo que parecia mais um spa do que um local de trabalho onde música era composta, finalizada e gravada em fita magnética.

Edward Germano comprou o Hit Factory em 1975, quando seu proprietário original, Jerry Ragovoy,[20] estava achando cada vez mais difícil acompanhar a demanda que o estúdio começava a criar. Enquanto sob a administração de Ragovoy o Hit Factory era utilitário e despretensioso, sob a de Germano ele se tornou o arquétipo palaciano que passaria a atender aos maiores nomes do rock e seus enormes projetos, como *Born in the U.S.A.*, de Bruce Springsteen. Stevie foi um dos primeiros clientes de Germano, e os poucos dias de estúdio que agendou logo se tornaram três meses. Parece apropriado que *Songs* fosse o primeiro grande projeto do Hit Factory na administração de Germano, já que criaria um precedente intimidante para o calibre de gravações que o estúdio promoveria.[21]

Os estúdios Crystal Industries e Los Angeles Record Plant eram mais familiares. O Crystal, um antigo prédio dos Correios, em Vine Street, tinha sido reformado por Andrew Berliner[22] na segunda metade dos anos 1960 e utilizado frequentemente por Stevie na primeira metade da década seguinte, apesar de *Talking Book* ter sido o primeiro álbum do artista a incluí-lo em seus créditos. Stevie vinha usando também o Record Plant como um dos muitos de seus locais recorrentes de gravação (junto com Electric Lady) desde *Talking Book* — na realidade ele tinha seu

---

[20] Ragovoy foi um conhecido produtor de R&B que trabalhou com Howard Tate, Dusty Springfield e Dionne Warwick. Ele também coescreveu um bom número de clássicos da música soul, como "Piece of My Heart", de Erma Franklin, "Cry Baby", de Garnet Mimms, e "Time Is on My Side", de Tate.

[21] Apesar de a produção de *Songs* ter realmente começado no Hit Factory, a única gravação utilizada no produto final foi a das bases de "As".

[22] Berliner, juntamente com Jeff Sanders, masterizou *Songs* no estúdio Crystal.

estúdio B reservado por longos períodos de tempo entre 1972 e 1976. O estúdio de Los Angeles, aberto em 1969, era um local com tecnologia de ponta,[23] parecido com o Record Plant em Nova York, que tinha sido aberto um ano antes. Bem como o Hit Factory, o Record Plant foi um empreendimento pomposo que transformou o ambiente moderno de gravação em um generoso espaço de lazer e conforto. As antigas regras de estúdio, que ditavam que determinado trabalho deveria ser completado durante um período definido — as mesmas regras que os Beatles haviam distorcido de acordo com suas necessidades — não se aplicavam mais. Essa luxuosa nova geração de estúdios de gravação, antítese absoluta dos humildes porões do início da Motown em Detroit, se adequava à disposição que a ética do trabalho ininterrupto de Stevie requeria.

Tais instalações eram manifestações complacentes com os desejos de um artista adolescente: claro, eram locais onde adultos iam realizar seu trabalho adulto, mas esses estúdios estavam visivelmente despreocupados com a prudência e as responsabilidades financeiras. Era fácil, cercado por instrumentos de relaxamento e um monte de brinquedos de gravação, esquecer-se de tudo e regredir: tornar-se um menino novamente.

Os exorbitantes excessos nos anos 1970 podem ser perfeitamente representados pela aceitação do sintetizador. Mais do que as roupas extravagantes e as alusões exageradas à música clássica, o sintetizador representava tudo o que era fantástico sobre a década. Lá estava uma máquina capaz de emular outros instrumentos (na maioria das vezes de maneira horrível) e criar sons diferentes de qualquer instrumento, uma das raras realiza-

---

[23] Diz-se que o Record Plant em Los Angeles foi o primeiro estúdio do mundo a possuir um equipamento de 24 canais, no início dos anos 1970.

ções das estranhas promessas de um futuro com carros voadores e teletransporte. Grupos de rock progressivo como Emerson, Lake & Palmer (ELP) eram exemplos berrantes de quão longe o rock'n'roll tinha ido, se transformando em paródia de si mesmo. A obsessão com as façanhas malfeitas do sintetizador nada mais era do que uma desenfreada masturbação pública.

Se os sintetizadores representavam a fascinação pueril do rock pela tecnologia, manifestada em circuitos e envolta em pesada ornamentação, então Malcolm Cecil e Bob Margouleff eram os garotos mais populares da turma. Engenheiros de som com a tenacidade de cientistas loucos, Cecil e Margouleff se conheceram em Nova York, onde realizaram sua maior criação, o TONTO ("The Original New Timbral Orchestra" [A nova e original orquestra timbral]). TONTO foi o primeiro sintetizador polifônico analógico "multitimbral", essencialmente o maior sintetizador Moog[24] do mundo a ser montado com outros inúmeros módulos, efeitos, controles, filtros e teclados. A máquina era uma peça colossal digna do sonho mais louco de qualquer técnico, uma estrutura tão enorme que seu operador literalmente sentava dentro dela, cercado por uma enxurrada de controles. A dupla gravou um álbum em 1971, *Zero Time*, adotando o nome de T.O.N.T.O.'s Expanding Head Band. *Zero Time* é largamente citado como o primeiro álbum totalmente eletrônico, mas foi ignorado pelo público. Sua influência se daria no fascínio que a música eletrônica teria sobre os artistas da década seguinte. Logo, seu impacto duradouro é quase silenciosamente enredado no tecido cultural, já que o álbum continua sendo uma

---

[24] Os sintetizadores analógicos Moog, desenvolvidos nos anos 1960 por Robert Moog, foram os primeiros sintetizadores a usar um teclado como interface.

obscuridade colecionável. Stevie foi simplesmente a primeira e mais inspirada conexão da dupla com o mundo comercial: ele localizou Cecil e Margouleff assim que escutou *Zero Time*, determinado a fazer deles seus colaboradores.

O trabalho de Stevie com a dupla está cercado de lendas e mitos: foi uma química sem precedentes, que emergiu como a explosão de novas estrelas em um universo em expansão. Seu universo autossuficiente era o Electric Lady Studios, no Greenwich Village, em Nova York, e, posteriormente, o Record Plant em Los Angeles — com todos os instrumentos plugados e ao alcance das mãos (piano, teclado Rhodes, sintetizador Moog, clavinete e bateria). Stevie pulava de assento em assento em ataques de inspiração. Cecil e Margouleff operavam fisicamente as inúmeras máquinas e os sintetizadores enquanto Stevie os tocava, como quatro braços extras de um músico de seis braços. Nenhum dos três criadores poderia desejar colaboradores mais cúmplices: no início da semana do Memorial Day, em 1971, o trio entrou no Electric Lady e ressurgiu dias depois, numa manhã de segunda, com "17 músicas na lata", segundo Margouleff. O trio acabou gravando em torno de quarenta canções em duas semanas. Eles acumularam centenas e centenas de canções, ritmos e experimentos sonoros (tudo meticulosamente documentado em uma lendária compilação que Cecil e Margouleff preservaram); tantas, de fato, que na época em que *Innervisions* foi lançado, em 1973, alguns comentários revelavam que existiam entre quatrocentas e mil músicas inéditas, completas ou inacabadas.[25] "Trabalhávamos noite e dia", Margouleff afirmou depois,

---

[25] Algumas canções inacabadas foram revisitadas para lançamentos posteriores. A maior parte de "They Won't Go When I Go", por exemplo, foi gravada durante a primeira sessão de trabalho com Cecil e Margouleff,

"em fins de semana, feriados, aniversários, no Natal, não fazia diferença. O tempo parava".

Pensemos por um instante: uma quantia entre quatrocentas e mil canções em um intervalo de menos de dois anos. Não se tratava apenas de produtividade: isso era feitiçaria. Usar o estúdio de gravação para sessões de *brainstorming* fora do horário comum era um conceito relativamente novo no início dos anos 1970, e ainda assim Stevie o aproveitou ao máximo, perdido no turbilhão de sua própria persistência, como se essa fome fosse um lugar-comum. É quase impossível compreender o tipo de impulso e esforço artístico que tomou conta dele entre 1971 e 1976. Ele desarmou as expectativas de um artista de estúdio ao superá-las a olhos vistos; ainda hoje, décadas depois, não existiu período semelhante, com tantos álbuns não lançados e conceitos tão inovadores. Essa era a sensação de trabalhar para seus objetivos, e pelos próprios meios. Todos esses passos no caminho da redefinição foram libertadores.

Cecil e Margouleff foram os guias de Stevie no mundo compulsivo dos sintetizadores ARP e Moog, onde uma intuição súbita e mais um par de mãos poderiam levar à descoberta de sons novos e estranhos. Com a ajuda da dupla na programação, Stevie se sujeitou ao domínio das máquinas e correntes elétricas e, após crises de obsessão dignas de um *geek*, fez com que os sintetizadores falassem uma língua mais orgânica. Enquanto esses aparelhos costumavam ser usados como geradores de sons inverossímeis de ficção científica (sem mencionar também o uso como substitutos horríveis dos instrumentos reais), Stevie arrancou deles o obscuro potencial de criar empatia entre as

---

em 1971. Três anos depois, Stevie gravou alguns poucos vocais e a incluiu em *Fulfillingness*.

pessoas. Os sintetizadores em "Maybe Your Baby", de *Talking Book*, por exemplo, arrotam e borbulham com a arrogância de um organismo vivo. "Todo meu intuito ao usar sintetizadores", Stevie explicou ao crítico musical Barney Hoskyns em 2005, "era transmitir uma mensagem e me expressar musicalmente — chegar o mais próximo possível do que os instrumentos podem chegar, mas também mostrar os sons que eu escolhia para eles". Em contrapartida, uma consulta aleatória a qualquer coisa feita por Emerson, Lake & Palmer prova que aqueles que realizaram os feitos mais conhecidos no sintetizador o fizeram com um profundo mau gosto. Stevie passou tanto tempo com os sintetizadores, que pôde, no fim das contas, convencê-los a soar de outra forma.

Depois de servirem como engenheiros e catalisadores criativos para o período de desenvolvimento mais crucial na carreira de Stevie, Cecil e Margouleff subitamente foram deixados de lado depois da finalização de *Fulfillingness*, provavelmente porque Stevie encontrava-se em um grupo cada vez mais superprotetor. O vínculo estreito que havia se formado rapidamente se desfez: Cecil e Margouleff viram seus créditos e direitos diminuírem, bem como seu acesso a Stevie. "Ele se tornou cada vez mais famoso e nós, menos importantes", disse Margouleff à revista *Mojo* posteriormente. Cecil foi até mais longe ao afirmar que a tendência crescente de Stevie de trabalhar somente com colaboradores negros foi a causa do afastamento (a acusação não necessariamente reflete a realidade; os dois engenheiros que substituiram a dupla também eram brancos). Quando Stevie perdeu Cecil e Margouleff, perdeu seus dois confidentes mais objetivos, colaboradores cujas sensibilidades priorizavam a economia sobre a indulgência.[26]

---

[26] Durante o processo para o lançamento de *Innervisions*, Cecil desaprovara o desejo de Stevie de colocar mais de 18 minutos de música

Mesmo depois de ter crescido, Stevie manteve um ímpeto infantil. Sua persona oficial era a de um adolescente com a segurança de um adulto — o modo simpático como conta vantagem em "Don't You Worry 'Bout a Thing", por exemplo, retrata um homem confiante o suficiente para conjurar as forças necessárias para enfrentar qualquer situação, mesmo sem possuí-las. De certo modo, a audácia destemida do adolescente que crê em sua própria imortalidade, algo que costumamos perder por conta das verdades mais prosaicas da vida, torna-se um dos elementos que definem a carreira artística de Stevie.

A declaração mais inocente e idealista que *Songs* profere se origina no início do lado quatro do disco, em uma balada de andamento moderado, "Ngiculela — Es Una Historia — I Am Singing": "I am singing someday love will reign throughout this world of ours/ Let's start singing of love from our hearts" [Estou cantando que algum dia o amor reinará em nosso mundo/ Comecemos a cantar o amor de nossos corações]. O fato de uma afirmação tão ingênua chegar tão tarde em um álbum repleto de realidades duras e frias indica que a) Stevie está renunciando ao complicado quadro de vida que pintou ou b)

---

em cada lado do álbum, ressaltando que o volume do disco sofreria com isso. Ainda que Stevie acabasse recrutando a ajuda de um estúdio de masterização diferente para fazer caber 22 minutos de música em cada lado — e ainda assim reter a fidelidade do volume —, a luta de Cecil em prol da qualidade em detrimento da quantidade era um indicativo de seu papel como "advogado do diabo" durante o processo criativo. "Nós não criávamos álbuns; criávamos canções", afirmou Cecil sobre seu trabalho com Stevie, um comentário que ilustra a diferença de metodologia entre os criadores do TONTO e os engenheiros que viriam a substituí-los.

seu espírito, confrontado com as injustiças, tristezas e belezas insondáveis, permanece intacto.

Vamos supor que se trata da última opção, afinal, cada lado de *Songs* contém ao menos uma canção com esse tipo de ingenuidade profunda. Além disso, a letra completa da canção está impressa na primeira página do encarte do álbum, logo depois da interpretação desconexa e pseudointelectual que Stevie dá às alegorias temáticas do álbum. Independentemente de quão inocente ela possa ser, essa canção é a origem do restante do disco: o cantor não cede e prevê dias ensolarados apesar do tempo presente coberto de nuvens. Ele não foi alçado a este lugar, munido do dom da comunicação melodiosa, somente para propagar impressões derrotistas. Lançará uma campanha de relações públicas confiante, e acompanhará seus efeitos: a melhor defesa da humanidade é o ataque otimista. É possível calcular o sucesso dessa perspectiva otimista de inúmeras maneiras. Por exemplo, toda vez que o disco é tocado, Stevie continua "cantando sobre o amanhã", e o "amanhã" nunca se torna "hoje"; a canção em si, presa a seu momento de reflexão futura, nunca terá a chance de testemunhar sua maior esperança. Esse, é claro, é o maior dilema da inocência: é impossível ver a floresta a partir das árvores.

Como seu título sugere, "Ngiculela — Es Una Historia — I Am Singing" é cantada em três línguas — zulu, espanhol e inglês — em um esforço de estender sua mensagem de paz e amor a culturas diferentes.[27] Colocar a canção logo após "Black Man" é uma escolha deliberada — serve para manter o clímax no final do lado 3. Enquanto "Black Man" é uma faixa imbuída

---

[27] Algo semelhante é utilizado na produção de "Pastime Paradise", que será examinada mais adiante.

de um senso mundano de experiência, "Ngiculela — Es Una Historia — I Am Singing" vem de um lugar menos formal. O vocal de Stevie é gravado dobrado — em double-track — com um vibrato saudável, e sua língua abraça, em cada um dos idiomas, a poderosa melodia da canção.

A decisão de cantar um verso em zulu foi, sem dúvida, resultado do crescente interesse de Stevie pela África e pelo movimento Black Power. A declaração de que ele se retiraria do mundo da música para se mudar para a África (um impulso infantil que seria retratado ou esquecido depois de seu novo contrato com a Motown e do lançamento de *Songs*) veio em uma época em que Stevie começou a usar *dashikis* — roupas africanas —, reacender a chama dos direitos civis e fazer declarações antinorte-americanas na imprensa. Quando finalmente decidiu ficar nos Estados Unidos e continuar na folha de pagamentos de Gordy, essa conexão intensificada com a cultura negra, bem como seu maduro senso de responsabilidade, teve um papel de grande importância: "Continuarei na Motown porque é a única empresa negra com possibilidades viáveis de sobrevivência na indústria musical", afirmou na época. "É vital que pessoas em nosso ramo — particularmente a comunidade negra criativa, incluindo artistas, escritores e produtores — garantam que a Motown permaneça emocionalmente estável, espiritualmente forte e economicamente saudável."

A batida do compasso que serve de introdução a "Ngiculela — Es Una Historia — I Am Singing" é similar à usada em "Isn't She Lovely", apesar de ter metade de sua duração. A semelhança não é necessariamente uma coincidência. Iniciar uma canção com uma batida foi algo que o artista absorveu da Motown, que tem uma grande porcentagem de suas canções com esse mesmo início de proclamação percussiva. Uma batida executada dessa maneira, mantendo o prumo durante múltiplos tons ou se contorcendo em uma ressonância solitária, não é diferente do aceno da batuta de um maestro. É mais do que uma sinalização para chamar a atenção do público: ela dita como a canção se moverá, se será uma balada ou se terá um ritmo acelerado, se o ouvinte deverá se preparar para a urgência ou o relaxamento. Essa batida da abertura se divide em quatro ritmos percussivos distribuídos em três tons diferentes, o terceiro e o quarto compartilhando o surdo. Conforme é tocada, se espalha de maneira panorâmica no estéreo para ampliar a sensação de movimento, servindo como ponte (marcada pelos golpes no prato) para que a música se propague em seu arranjo espaçoso.

 O teclado de Stevie nessa faixa é ainda mais jovial do que o comum, os acordes se sobrepondo, uns sobre os outros, e depois caindo todos juntos, numa contínua sucessão de notas — tercetos, bemóis, sétimas maiores — com um entendimento aproximado de onde cada estrutura deveria cair. De maneira semelhante, "All Day Sucker" golpeia seus acordes como se acabasse de descobri-los, lançando o sólido riff de clavinete com certa urgência descuidada. A canção, em si, também é ingênua: como um testemunho daqueles que são facilmente enganados, a canção pertence à longa linhagem de narrativas dos selos de R&B sobre dores de amor, que a Motown dominava desde o início: "You've Really Got a Hold on Me", de Smokey Robinson, "Love (Makes Me Do Foolish Things)", de Martha Reeves, e "I'm a Fool for You", de James Carr (em dueto com Betty Harris) são apenas alguns exemplos. A canção de Reeves reflete o desespero de "All Day Sucker" — "Listening for the sound of your knock on the door/ Knowing that sweet sound will be no more." [Aguardando o som de sua batida na porta/ Sabendo que essa esperança estava morta.] —, mas Carr realmente tem sucesso ao retratar o masoquismo no coração desse arquétipo em particular. "You can use me, you can accuse me... take my soul" [Pode me usar, pode me acusar... leve minha alma]. Carr implora em seu premeditado autoflagelo. Ele está tão confortável nesta situação que provavelmente atravessou a "burning desert sand" [a ardente areia do deserto] só para agradar.

É claro que o dueto em "I'm a Fool for You" pressupõe que este desalento seja correspondido; tanto Carr quanto Harris estão igualmente desesperados pelo resultado que suas estúpidas ações garantirão. "All Day Sucker" não possui essa espécie de "garantia" contra a humilhação. É tão sem esperanças que chega a ser desajeitada. Até mesmo os instrumentos de Stevie patinam, desajeitados, como uma consequência dessa paixão avassaladora. Além do mais, todos esses tropeços e esbarrões ocorrem à custa dos significantes da inocência (vergonha, ingenuidade), que não podem ser ignorados. Nada na estrutura dessa canção é confiável. Há uma constante sensação de desequilíbrio ou de desordem iminente em seu arranjo. O solo de guitarra de W.G. "Snuffy" Walden[28] flutua do canal esquerdo para o direito, nunca encontrando seu local na mixagem; um breve som de marimba soa fora de lugar, como se estivesse tentando se realinhar. Stevie uiva uma espécie de canto yodel enquanto Walden se aprofunda em uma fúria ao estilo Hendrix, como se assim pudesse encurralar essa energia adolescente esquisita. Os gritos de Stevie não dão em nada, tampouco suas

---

[28] Além de algumas sessões de trabalho com Eric Burdon, o músico nativo da Louisiana só havia trabalhado como membro do Stray Dog, uma banda pouco conhecida dos anos 1970; posteriormente, nos anos 1980 e 1990, Walden se tornou um escritor/produtor de música instrumental para programas de televisão como *Thirtysomething*, *My So-Called Life* e *The West Wing*.

tentativas de provocação ("Play it, Snuffy!") resultam em algo — a não ser em uma "revolta pentatônica".

A música propriamente dita em "All Day Sucker" tem um subtexto sarcástico: esgueira-se com malícia, como um sorriso de canto de boca. É o tipo de funk pegajoso que Stevie produzia sem esforço durante a primeira metade da década (agressivamente povoada por aquela volumosa faixa de clavinete), mas dessa vez a parte grudenta fica presa na sola do sapato. Como o narrador é o "trouxa de carteirinha", a música — animada mas propositadamente desajeitada, com sua melodia tropeçando sobre si mesma como pés dançando com tamancos de ferro — não o deixa esquecer. O refrão "all day sucka now for your love" mostra como a canção, de forma infantil e com sarcasmo, ri de si mesma como vários coleguinhas de escola juntos.[29]

Se o trouxa é o centro de seu próprio universo, então suas experiências comuns se tornam abalos emocionais extraordinários. "Ordinary Pain" [Dor qualquer] é construída para ser sobre qualquer coisa menos uma dor qualquer. Desilusões e corações partidos, ausências e adeus, a súbita dor no estômago causada pelo peso do realismo — argumenta-se — são desgraças impostas aos inocentes desavisados. Quando alguém vive uma ruptura emocional, a vive só — como se cada um de nós tivesse o direito exclusivo sobre sua miséria. Essa tendência bastante adolescente, ou imatura, de presenciar sua dor como algo singular, é o ponto crucial da primeira metade de "Ordinary Pain".

---

[29] A canção apresenta a ironia na forma de backing vocals cantados por Carolyn Dennis, uma das muitas cantoras associadas à Wonderlove — a banda de turnês de Wonder na época — que fizeram uma participação em *Songs*. Essa foi a única participação de Dennis em um álbum de Wonder. Logo ela se tornaria uma das cantoras de Bob Dylan e, durante alguns anos, sua mulher.

Stevie profere a mensagem com tato, mas sem tanta delicadeza: "Não conte a ninguém que isso é mais do que uma dor qualquer", ele aconselha, refreando esse sentimento de perda por meio de uma supressão caracteristicamente masculina.

A canção se desenrola em um tempo médio: nem apressada demais, nem sentimental demais, na velocidade exata para manter a simpatia masculina, se afastando do potencial alienante da balada. Um coro de vozes femininas — incluindo o brado em cinco oitavas de Minnie Riperton (cujo hit número um, "Lovin' You" [1974] foi coproduzido por Stevie), Deniece Williams (que, ao lado de Riperton, entrou em turnê como uma das cantoras de Stevie) e Syreeta Wright, ex-mulher e antiga musa do cantor — ressalta o "more than just an ordinary pain" [mais do que uma dor qualquer] do refrão, um reconhecimento quase subserviente do que a canção propõe provar.

Shirley Brewer oferece a resposta vocal para a tumultuada segunda metade da canção, que, sem dúvida, é o momento mais divertido do álbum. "You're just a masochistic fool" [Você é apenas um tolo masoquista], ela começa, bruscamente, "Because you knew my love was cruel" [Porque sabia que meu amor era cruel]. A canção então se lança em um território funk, liderada por uma trilha de baixo digressiva no teclado, que dá suporte a Brewer, permitindo a ela que avance rapidamente até o "tapa na cara": "I knew our love would have to end/ The day I made it with your friend" [Eu sabia que nosso amor teria fim/ No dia em que te traí com seu amigo]. Enquanto a música paira sobre uma escala ascendente de três notas, que se alterna entre uma batida mais leve e outra mais veloz por três minutos, Brewer censura a primeira metade cantada por Stevie com uma espécie de indiferença destrutiva. O coro feminino continua a repetir "ordinary pain", mas agora de maneira depreciativa e acusatória, amparado pela ousada condução de Brewer.

Com a espontânea rapidez de um interruptor, a canção vira contra si mesma e debocha da gravidade da primeira parte. A guitarra de Mike Sembello, que havia sido somente uma discreta guardiã da progressão de acordes da canção, subitamente se revolta, barulhenta e atrevida, alfinetando os teclados e os sintetizadores em uma correria ansiosa. O vocal de Brewer redefine a interpretação que se dava ao andamento da canção eliminando a ironia, o autoflagelo e o sarcasmo para insistir, com uma autoridade inabalável, que, sim, é uma dor qualquer. Parte do humor na resposta de Brewer vem do fato de ela ser tão curta e grossa: enquanto o narrador masculino se ocupava em remoer seus arrependimentos passados, ela os atirava em sua cara — e o fazia sem remorso, em sua própria canção! A faixa é como um eco das canções soul tão comuns nos anos 1960, as músicas de "briga", como "Tramp" — a agitada canção de Otis Redding e Carla Thomas —, mas com a triunfante réplica feminina como um troco inesperado.

Deste modo, "Ordinary Pain" restringe o errôneo machismo que permeava o mundo da música pop disfarçado em termos como "Sex Machines". Em vez de o homem estar no comando, aqui ele está obcecado por não ter mais o controle, e, para magoar ainda mais esse ferimento autoinfligido, é reduzido a um nada pela pessoa sobre quem se habituou a ter o domínio sexual. É uma abordagem bastante diferente da masculinidade e da libido feminina apresentada em músicas anteriores de Stevie, como "Superwoman", de *Music of My Mind*, que foi longe a ponto de igualar o desejo de uma mulher de fazer mais do que simplesmente viver pelo homem a delírios sobre-humanos: "All the things she wants to be/ She needs to leave behind" [Tudo o que ela quer ser/ Ela precisa deixar para trás] é um dos argumentos não muito sutis da canção. Uma música como "Superwoman" aparentemente ignora "Respect" e "(You Make Me Feel like a) Natural Woman" (ambas de 1967), de Aretha Franklin, ou pode mesmo ter sido uma tentativa de enfraquecer o tipo de independência que Franklin ajudou a conquistar. Contudo, o que vai volta, e talvez "Ordinary Pain" seja Stevie produzindo seu próprio carma em uma faixa do álbum.

Se algum aspecto específico de "Ordinary Pain" diz respeito à complicada época da adolescência, é sua letra. A canção contém uma grande quantidade de frases estranhamente invertidas, em um padrão de fala que serviria mais ao mestre Yoda do que à música pop. "When by the phone in vain you sit" [Quando ao lado do telefone em vão você senta] é a desajeitada frase de abertura, uma contorção feita na ordem das palavras da sentença em nome de um iminente esquema de rimas; "When you by chance go knock on her door" [Quando você porventura for tocar em sua porta] é outro desafio à gramática presente na mesma canção. Esse tipo de linguagem convoluta não é empregado meramente em nome dos caprichos da rima: ela convém ao desconfortável sentimento do narrador diante de sua experiência sendo rejeitada. Ele tenta encaixar algo parecido com uma conjugação verbal, mesmo que teoricamente esteja invertida. Habilidoso, fala erroneamente no sentido inverso, como se esse tipo de gafe comunicativa servisse de desculpas para não dizer absolutamente nada. Ainda assim, qualquer defesa, não importa quão embaralhada estiver, é insignificante diante da marreta verbal de Brewer — diante da oportunidade apresentada, ela expõe todos os traços ocultos de ingenuidade e inexperiência presentes nessa narrativa falha. (Contudo, se não houvesse um motivo temático por trás desse desvio da língua, ainda assim teríamos que desculpá-lo, afinal, trata-se de música pop, e na música pop perdoamos até mesmo a mais ilógica das manipulações verbais.)

"I Wish" remedeia as embaraçosas afetações da inexperiência ao se concentrar somente nos aspectos mais notáveis de nossa memória. Não existem erros a partir dos quais se possa aprender lições em "I Wish", nenhuma lição invocada tardiamente ou em perspectiva; nada mais do que uma simples reminiscência, uma olhadela para trás, sem raiva ou qualquer cálculo emocional, somente com uma empatia teórica. Stevie ignora imensamente aquele clichê de Dylan — "don't look back"[30] [não olhe para trás] — em sua escrita, ao refletir sobre o passado e reconciliar-se com ele. Como Faulkner, ele parece acreditar que o passado não chega a ser "passado", que ele se perpetua como um aspecto vital no processo de controle e entendimento do presente. Quando canta "I wish those days could come back once more" [Queria que aqueles dias pudessem voltar outra vez], o faz sem remorsos.

O remorso é uma coisa espinhosa: é uma constante imune aos nossos revisionismos, e apesar de sabermos disso, continuamos invocando-o. A música de Stevie, festiva como é, não abre espaço para arrependimentos. É extraordinariamente generosa com quaisquer obstruções que não podem ser vencidas, os compromissos que não podem ser desmarcados, as forças de agrupamento que não podem ser interrompidas, as consequências que inevitavelmente estarão esperando, como sempre acontece. sua música aceita tudo sem a incorrigível tentativa de

---

[30] Parte de um verso da canção "She Belongs to Me", *Don't Look Back* também serve de título a um dos mais conhecidos documentários sobre o cantor. Realizado em 1967 por D.A. Pennebaker, o filme mostra a turnê de Bob Dylan na Inglaterra em 1966.

adivinhar como poderia ter sido — um erro comum quando se reexamina o passado.

Uma faixa como "I Wish" se deleita em conjurar a inocência absoluta, e você pode ouvi-la nas desenfreadas (e não editadas) exclamações ao fundo. Uma audição atenta revela pelo menos 18 gritos de alegria, gritinhos e gargalhadas, todos se destacando da loucura dos multicanais, a maior parte deles vindo de Stevie enquanto (imagino) se encontrava na bateria. O modo como toca o instrumento em "I Wish" é igualmente triunfante: relaxado, mas marcando o ritmo, com a batida do contratempo lembrando o vacilante ritmo dos embalos de sábado à noite encontrados em "Superstition". A faixa é tudo o que um funk dos anos 1970 gostaria de ser: dinâmico, vibrante, cavando fundo, a fim de alcançar o céu.

Ainda assim, independentemente do predominante sentimento de confiança e de afirmação na vida, há um desejo inerente de voltar atrás, até um local intocado pela corrupção da experiência. "I Wish" reflete esse tipo de sensação em uma escala pequena, em um nível pessoal, principalmente por conta da sensação de carinho que comanda. Stevie tirou o tema da canção, uma reminiscência dos dias marcados por infrações inofensivas, de um piquenique da Motown no verão de 1976. Ele vinha trabalhando na canção até que o piquenique ativou algo nele. Antes dessa epifania, "I Wish" havia sido uma canção sobre guerra e "coisas cósmicas... espirituais", assuntos que certamente estão em desalinho com o sentimento da canção. "A letra não tinha a mesma alegria da melodia", Stevie afirmou à revista *Musician*, "mas seu momento de epifania, sim". Ele retornou ao estúdio imediatamente para trabalhar em uma nova letra para a faixa.

"I Wish" (que, por acaso, garantiu um dos dois primeiros lugares nas paradas de *Songs*, bem como um Grammy por melhor desempenho vocal de R&B) foi gravada bem tarde nas prolongadas sessões do álbum. O fato de ser uma das faixas mais inspiradas (e lembradas) do álbum — e mal completada a tempo — atesta os irreprimíveis ataques de criatividade de Stevie. A faixa foi gravada no Crystal Industries no meio da noite: três da manhã, de acordo com Nathan Watts. Watts se recorda de chegar em casa após um longo dia de gravações somente para ser chamado de volta ao estúdio assim que se deitara na cama. "Stevie ligou e disse: 'Preciso que você volte. Estou aqui com uma música *daquelas*.'" Esse era o modo como Stevie trabalhava, esquecido dos limites da realidade, escravizado por sua musa criativa.

O artista aplicou as camadas de sintetizadores e teclados, como tinha feito até ali, uma de cada vez, estabelecendo uma vibrante muralha de som: a escala ascendente de baixo, duplicada em cada compasso; a frase descendente em contraponto, um complemento mais frouxo, como unhas que arranham impacientemente uma mesa de madeira; e um terceiro conjunto de sintetizadores estabelecendo os acordes. Watts adicionou mais complexidade ao baixo do teclado ao inserir seu próprio baixo elétrico ("os floreados musicais de Jamerson", como ele mesmo chamava). Os slides vigorosos da canção (por exemplo, em 1:02, depois do verso "I thought I told you not to go outside" [Pensei ter dito para você não ir lá fora]) são tocados por Watts, com overdrive para conseguir o "rosnado" distorcido que Stevie havia pedido. Essas modulações revelam a maldade infantil da canção ("You nasty boy!" [Seu garoto danado!], Renee Hardaway grita depois de um verso sobre "escrever algo sujo no muro" [writing something nasty on the wall]) e eleva o nível do funk em mais um grau.

Conforme a canção evolui, os parâmetros de cada faixa se lançam em improvisação. Ouvindo a faixa tomar forma, é possível observar que as partes separadas encontram o tenor do arranjo e gradualmente se encaixam nas repetições designadas, somente para se separarem novamente quando esses papéis distintos são ressaltados. O trecho dos metais mantém todos juntos, indo para um lado mais Stax do que Motown, até mesmo aludindo a Nova Orleans no final. Os metais — Steve Madaio e Raymond Maldonado no trompete, Hank Redd no sax-alto e Trevor Lawrence no sax-tenor — imitam a atitude de "Superstition", decisiva e espantosa, afiada como uma faca.

Desde então, a canção tem sofrido para manter sua relevância no cenário contemporâneo. Tentativas de mantê-la correndo nas veias da cultura pop se revelaram fracassos retumbantes, ressurreições de brincadeirinha, que acabaram se tornando mais assaltos conceituais a túmulos do que música propriamente dita. Will Smith incorporou grande parte de "I Wish" em seu single de 1999, "Wild Wild West", um tema hip-hop para sua ficção científica faroeste de mesmo nome. A versão de Smith usa um sample do verso de Stevie como tema principal e emudece a melodia do refrão: "Gostaria que aqueles dias voltassem outra vez" torna-se, de algum modo, "Estamos indo direto para o oeste selvagem" [We're going straight to the wild, wild West]. A música é no mínimo redundante, e coloca o legado da canção em risco, ao menos para uma nova geração de ouvintes facilmente impressionáveis. O vídeo de sete minutos, em que Stevie recebe como agradecimento apenas uma minúscula aparição como pianista (até mesmo as dançarinas seminuas em segundo plano recebem mais tempo de vídeo do que ele), tratou-se de um caso ainda mais indulgente, uma tentativa — com um orçamento gordo — de fazer um curta-metragem a ser usado como ação de marketing. Talvez sua maior consagração tenha sido o prêmio que recebeu no Golden Raspberry Award (Razzie) por Pior

Canção "Original" em 1999 (o filme foi o grande vencedor dessa edição, trazendo para casa os prêmios de Pior Filme, Pior Dupla na Tela, Pior Diretor e Pior Roteiro, com cinco prêmios, ou seja, oficialmente o pior filme do ano).

Por incrível que pareça, é possível ficar pior. Celine Dion é a mais nova artista a, infelizmente, adotar "I Wish" em seu repertório de shows. Ela apresenta a canção em *A New Day...*, seu show ao vivo em Las Vegas, um pomposo espetáculo no estilo Broadway. A comparação entre a versão de Dion e a canção de Stevie é, para dizer o mínimo, desconfortável, especialmente sua tentativa afetada de replicar um vocal de funk e a compensação da mesma com um número excessivo de dançarinos negros. Trata-se quase de uma versão do século XXI dos espetáculos "*blackface*", em que brancos pintavam o rosto de preto e faziam imitações preconceituosas. Contudo, a canção em si também sofre enormes danos. Toda sua batida contagiante é aniquilada pela banda "estilo programa de auditório em Las Vegas". Por fim, a versão de Dion falha por nunca encontrar o ar de inocência original, e, em vez disso, a trata como uma peça de museu animada, uma prova dura de que o inferno talvez não seja apenas os outros, como dizia Sartre, mas especificamente os adultos que tentam revisitar memórias de infância que, para início de conversa, sequer possuíam.

"Easy Goin' Evening (My Mama's Call)", um parente mais domesticado de "I Wish", remonta ao álbum instrumental de 1968, que Stevie gravou sob o nome de Eivets Rednow, uma tentativa não muito boa de mascarar sua identidade, já que se tratava de apenas seu nome escrito ao contrário. Seu único álbum lançado sob o pseudônimo, *Eivets Rednow* (1968), foi um veículo para promover — por incrível que pareça — a habilidade de Stevie na gaita cromática. A elegante seleção de canções (incluindo duas de Burt Bacharach) aponta para a aparente falta de fé de Gordy no império de R&B que construíra. Já seu *timing* (vindo no encalço de singles como "Uptight [Everything's Alright]") revela seus péssimos instintos de marketing. Era uma má ideia em todos os sentidos, que não tinha nada a ver com o talento de Stevie: a gaita simplesmente não foi feita para ser um instrumento lírico solo, como o trompete ou o saxofone. Sua versão de "Alfie" alcançou somente o número 66 nas paradas de sucesso — o que não chega a ser uma surpresa, dado o material e seu formato, mas, ainda assim, uma sequência decepcionante depois do terceiro lugar de "Uptight (Everything's Alright)" e do segundo lugar de "I Was Made to Love Her". O álbum afundou, foi um desperdício do talento de Stevie e teve um completo desinteresse por parte do público. Desde então, é um item relegado à condição de curiosidade no catálogo de Stevie.

Logo, "Easy Goin' Evening" é duplamente retroativa: relembra tanto experimentos (falhos) passados da gaita como instrumento orquestral quanto uma suave infância com suas baladas. Ouvintes mais casuais não farão a conexão com o projeto de Eivets Rednow, simplesmente porque ignoram sua existência — o que pode ser bom, já que "Easy Goin' Evening" refina a deficiente fórmula de Eivets Rednow, deixando o sentimento intacto e tornando sua audição mais agradável. Ela elimina as elegantes cordas e a faceta histriônica da canção em nome de uma ocupação mais nobre para a melodia. Incapaz de evocar o imaginário adolescente por meio da letra, "Easy Goin' Evening" o faz através da colaboração entre seu título e sua atmosfera — de fato, o efeito geral da canção (o chamado que ela envia aos idos dias da inocência) nunca seria realmente alcançado caso estes dois aspectos não trouxessem um cumulativo ar retrospectivo.

A canção ocupa a faixa final do EP "A Something's Extra Bonus", logo, apesar de o álbum oficialmente terminar com "Another Star", "Easy Goin' Evening" é a última coisa que se escuta ao se ouvir *Songs* de uma assentada. Certamente não é um final tão empolgante e corajoso como "Another Star", que lança *Songs* direto para o horizonte, como uma aventura cheia de energia. É, contudo, um modo apropriado — ainda que previsível — de encerrar a experiência inteira, como um cafezinho depois da refeição para acompanhar a reflexão pós-álbum. A faixa inteira é encasulada em uma sensação de sono, da bateria levemente escovada até as gaitas que soam como canção de ninar, dos teclados esponjosos até o baixo de Watts. Stevie toca a leve melodia em uma gaita, deixa que ela atinja a calmaria, e então adiciona uma segunda e uma terceira em execuções subsequentes da seção principal da canção até que o acúmulo das melodias de gaita dominem o canal esquerdo, o central e o direito da mixagem.

Talvez o papel mais notável que "Easy Goin' Evening" desempenhe na sequência completa dos fatos é terminar *Songs* com uma sensação palpável, e talvez transitória, de inocência. Depois de vinte canções que oscilam entre a esperança e o desespero, analisando as mais complicadas procedências do comportamento humano, "Easy Goin' Evening" dá a palavra final: sem discursos, com ambiguidades nem qualquer declaração importante ou fundamental; apenas uma pacífica invocação da memória imaculada. Para um álbum que ameaça romper-se a partir de uma incursão de ideias, certamente é um modo despretensioso de se despedir.

III. Experiência

Wait, for now.
Distrust everything if you have to.
But trust the hours. Haven't they
carried you everywhere, up to now?

— GALWAY KINNELL, "WAIT"

Adultos são criaturas inconstantes. São guiados pelo hábito e frequentemente exauridos pela rotina, e isso os torna desconfiados. Reclamam das brincadeiras inventadas pelas crianças, mas somente porque têm ciúmes, já que sua independência duramente conquistada foi alcançada por meio de sacrifícios de frivolidades — que negócio complicado!

O gerenciamento emocional exigido pela vida adulta requer muito esforço. Por isso às vezes precisamos aceitar o comportamento imprevisível dos adultos. Crescer e se tornar experiente é relativamente fácil, é preciso somente ter sua inocência corrompida, e existem inúmeras maneiras de isso acontecer: nossos instintos mais obscuros podem ser expostos em plena luz fria e brilhante do dia. Depois, vem a parte difícil: a paciência, a sabedoria, a prudência, a razão e a tolerância.

Experiência é viver e viver e viver e, depois, viver um pouco mais, até que a vida seja torcida e desgastada por traumas e epifanias, moldada por um acúmulo de conhecimentos que produz o desagradável joio do preconceito e da presunção. A já mencionada parte difícil, aqueles graciosos atributos que a vida fornece para a jornada até terras mais altas, é a grande recompensa, o prêmio pelos riscos sofridos por conta própria.

Em maio de 1971, após deixar para trás os modelos de trabalho ditados pela Motown, Stevie orquestrava alguns riscos por conta própria. Suas sessões de gravação em Nova York, com Cecil e Margouleff, haviam começado energicamente, e o acúmulo criativo que começava a pesar sobre sua cabeça definiria seus anos de pós-adolescência. Enquanto isso, o novo advogado de Stevie, Johanan Vigoda, elaborava um novo contrato — o contrato "adulto" — com a Motown, na Califórnia. Vigoda se viu rodeado pelos advogados da gravadora, em meio a uma enxurrada de assinaturas, cláusulas e adendos. Era uma última tentativa de Gordy de forçar um de seus artistas mais importantes de volta ao tipo de limitação em que havia crescido.

Mas Vigoda não tinha sido contratado para ser intimidado. Ele deveria se manter firme e fazer com que Gordy e a Motown enxergassem Stevie — que já tinha dialogado com quase todas as outras grandes gravadoras — como um artista que foi muito além do estereótipo da criança que tocava "Fingertips". Vigoda fez jus à sua reputação. A Motown, empresa conhecida pelo enorme poder exercido sobre seus artistas, cedeu completamente às exigências de Stevie. A ele foi garantido o completo controle criativo sobre seus lançamentos para os cinco anos seguintes, incluindo o conteúdo de cada álbum e seu encarte. Apesar de a gravadora continuar tendo a palavra final sobre seus singles, Stevie agora receberia uma quantidade generosa de royalties — incluindo os retroativos, sobre lançamentos antigos —, o que instantaneamente o transformou em um dos artistas mais bem-sucedidos da música pop contemporânea. Vigoda foi tão vitorioso em sua abordagem que o adiantamento recebido por Stevie foi maior do que a soma de tudo o que tinha ganhado na década anterior.

O acordo era extraordinário. Stevie mal tinha se tornado um adulto e já exercia um controle incomum sobre uma das empresas mais importantes do mundo da música. O artista tinha recebido controle criativo total somente uma vez até então, em *Where I'm Coming From* (1971), álbum que Gordy permitiu que produzisse sozinho. Para Vigoda, o acordo era uma prova de que a Motown estava mudando de percepção em relação aos seus artistas e investimentos em uma indústria que se voltava mais para álbuns do que para singles: "Ele quebrou a tradição com esse acordo, legalmente, profissionalmente — em termos de como e onde gravaria seus álbuns — e, ao quebrar essa tradição, abriu as portas para o futuro da Motown. Em 13 anos, eles nunca tiveram um artista. Eles tinham singles, conseguiram criar um nome, mas nunca tinham lançado um artista realmente grande." A Motown concedeu a Stevie o que ele desejava e, em troca, a gravadora pôde ter um grande artista.

Depois da saída de Cecil e Margouleff, o papel de engenheiro em *Songs* foi assumido por John Fischbach — cuja maior experiência tinha sido o álbum pré-*Tapestry* de Carole King, *Writer* (1970) — e Gary Olazabal, que tinha previamente trabalhado em *Innervisions* como operador de som e em *Fulfillingness* como engenheiro de gravação. Fischbach e Olazabal não se opunham a Stevie ter uma visão geral do projeto; em vez disso, se entregavam a todos os seus caprichos de produção, como companheiros exploradores que se precipitavam em busca das promessas de um futuro desconhecido. As tarefas dos dois aumentavam segundo o escopo também crescente de *Songs*: arranjos se tornando complexos, o material se expandindo e os músicos colaboradores aumentando em um nível difícil de gerenciar. Os dois costumavam trabalhar em dias alternados — naqueles longos dias que Stevie devorava sem saber quando começavam ou terminavam — para evitar a fadiga, ainda que muitas vezes ambos acabassem trabalhando no estúdio juntos. Com a mudança na guarda da engenharia houve uma completa revisão de como seria o processo de gravação de Stevie. Ao contrário de seus discos anteriores, *Songs* realmente foi planejado para se tornar um álbum, algo em que a soma fosse muito mais ameaçadora que a grandeza de suas partes. Estava claro, mesmo para o par de ouvidos mais despreparados, que *Songs* era o resultado da completa substituição da equipe de produção.

Esse confuso período de transição também coincidiu com o privilegiado acesso que Stevie teve às inovações da tecnologia dos sintetizadores. Ele era um dos poucos sortudos (juntamente com Keith Emerson, do Emerson, Lake & Palmer, John Paul Jones, do Led Zeppelin, e Benny Andersson, do ABBA, entre outros) a obter um Yamaha GX1, um modelo de teste que tinha sido lançado recentemente em uma edição limitadíssima. O GX1, que Stevie apelidou de "Dream Machine" [Máquina dos sonhos] era gigantesco tanto em tamanho como em preço, pesando quase meia tonelada e custando em torno de 60 mil dólares (a Yamaha tinha gastado por volta de 3,5 milhões de dólares somente para desenvolver o GX1). Em uma era em que sintetizadores monofônicos como o Moog eram a alternativa mais comum para clavinetes, órgãos ou Mellotrons, o GX1 era uma promessa empolgante de um admirável mundo novo: era polifônico *e* multitimbral (o que significa que era possível tocar múltiplos sons únicos, fossem baixo, piano ou qualquer instrumento de corda, e todos de uma vez), e era equipado com três fileiras de teclas. Em outras palavras, o futuro som da música pop eletrônica (o que, infelizmente, inclui também o assassinato do bom gosto, realizado nos anos 1980) seria predito pela extensão das teclas pretas e brancas da Dream Machine.

O GX1 influenciaria profundamente a produção do álbum. Suas capacidades polifônicas e multitimbrais aumentaram exponencialmente a quantidade de camadas que poderiam ser aplicadas em cada canção, o que significava que Stevie poderia gravar múltiplos sons de uma só vez em um número reduzido de canais, em vez de gravar cada som individualmente. Isso não somente abriria espaço na faixa para uma grande variedade de sons harmônicos e contrapontos, como também permitiria a Stevie a facilidade e economia de desenvolver arranjos sinfônicos em canções como "Village Ghetto Land" e "Pastime Paradise" com o controle de todos os elementos ao alcance de seus dedos.

Stevie tinha um impulso de inaugurar novas tecnologias no teclado. O clavinete, sem o qual "Superstition" e "Higher Ground" seriam privadas de sua insolência rítmica, definiu o som adulto do artista. Da mesma forma que reagiu rapidamente à existência do GX1, Stevie não perdeu tempo em se apropriar do clavinete. É geralmente lembrado como o primeiro artista a usar o instrumento em uma gravação (o clavinete é essencialmente um clavicórdio amplificado, quase sempre acompanhado por um pedal wah-wah fabricado pela empresa Hohner, que já o produzia há quase 15 anos). "Shoo-Be-Doo-Be-Doo-Da-Day" e "You Met Your Match", ambas em *For Once in My Life* (1968), são a evidência do pioneirismo, seguidas pelo wah-wah no clavinete da The Band em "Up on Cripple Creek" (1969). Que o clavinete tenha se reduzido a uma segunda opção na linha instrumental de Stevie mostra como o instrumento inovador iniciou outras mudanças sonoras maiores — o clavinete tinha sido uma novidade significante da identidade de Stevie, mas acabou se tornando estilisticamente arcaico, por conta do desejo incontrolável do músico de permanecer à frente da curva tecnológica.

Uma máquina tão elitizada e avançada como o GX1 não só tornou o útil obsoleto, como também permitiu um acesso mais rápido — e menos criativo — ao som. Onde, no passado, era necessário percorrer grandes distâncias para arrancar sons orgânicos de máquinas que rosnavam, agora Stevie conseguiria esse som com a maior facilidade. Como resultado, um sintetizador como o GX1, com suas impassíveis imitações de instrumentos reais, poderia facilmente chamar a atenção para a sua própria artificialidade.

Essa artificialidade é excepcionalmente transparente em "Village Ghetto Land", que usa o sintetizador (a voz de Stevie é o único instrumento acústico da canção) para simular um arranjo barroco de cordas. Até mesmo para os ouvidos mais despreparados as cordas soam irreais; seu tom é envolto em uma penugem, e a oitava mais baixa não soa de jeito nenhum como um instrumento de cordas. Esse *tour* até o "beco sem saída" do centro da cidade — da pobreza e desolação — é propositadamente irônico, feito como uma trilha sonora satírica do requinte dos mais endinheirados. Talvez a primeira observação a ser feita seja que este arranjo de cordas sintético foi a primeira ocorrência de uma seção de cordas (real ou artificial) nas gravações de Stevie dos anos 1970. Instrumentos de cordas eram onipresentes na música soul dos anos 1970, não somente em canções cafonas: desde as construções no estilo de *Pet Sounds*, de Gaye, até as falsas lubrificações rítmicas de Curtis

Mayfield, todas eram tocadas com graça sinfônica. A ausência de cordas na música de Stevie faz sentido do ponto de vista da produção (afinal de contas ele lutou para ter o controle de todo som que chegava à fita master), mas também é outro exemplo de sua determinação em nadar contra as correntes populares da época, para definir a si mesmo como uma força idiossincrática dentro de um movimento maior.

O falso arranjo de cordas, justaposto a uma falsa promessa de utopia urbana, nega todo o subtexto. As intenções temáticas de Stevie, ainda que sempre óbvias, são entregues aqui com a sutileza de um martelo (aliás, o uso de instrumentos de corda reais poderia fornecer um resultado semelhante, mesmo involuntariamente, se tocados em qualquer uma de suas baladas da época). Sua narração, que se inicia com o falso pretexto de que uma toca de coelho levará a uma terra de fantasias, leva a imagens de crianças com chagas, famílias se alimentando de ração de cachorro e bebês que "morrem antes de nascer". Mesmo criando este "antissonho" norte-americano, "Village Ghetto Land" está repleta de sarcasmo. O sarcasmo da narrativa, tão desagradável quanto parece, transmite o deflorar do idealismo, parte essencial do amadurecimento, a revelação da horrível verdade escondida por trás de enganosas ideias preconcebidas.

"Village Ghetto Land" foi escrita em conjunto com o compositor Gary Byrd, que posteriormente ficaria famoso como apresentador de um *talk-show* na rádio WLIB-AM de Nova York. Byrd. Ele também contribuiu para a letra de "Black Man", e não estava imune às demandas que Stevie, absorto pelo universo autônomo do estúdio, esperava de seus colaboradores. Depois de já ter enviado a letra finalizada, Byrd recebeu uma ligação do cantor, que dizia ter acrescentado um verso à canção e precisar de mais palavras. Stevie ligava do estúdio, é claro, no meio do processo de gravação da música. Byrd teve dez minutos para criar o verso final da canção.

A imagética evocada por Stevie e Byrd em "Village Ghetto Land" não era exatamente uma confrontação inédita para a comunidade R&B, mas sua crueza e seu olhar frio e indiferente refletiam uma realidade ainda mais amarga. A canção de 14 minutos dos Temptations, "Masterpiece" (1973), invoca uma situação de ceticismo e paranoia e detalha as "milhares de vidas desperdiçadas" no gueto do centro da cidade. Seu produtor, Norman Whitfield, escreveu uma letra tão assustadora quanto a de "Village Ghetto Land", mas a construção funk e cheia de camadas da canção facilitava a perda de seu sentido em meio à dança. "King Heroin" (1972), a balada em escala menor de James Brown, misturava o abuso de drogas com o apocalipse ("the white horse of heroin will ride you to hell... until you are *dead — dead*, brother" [o cavalo branco da heroína o levará ao inferno... até que você esteja *morto — morto*, irmão]), mas o fazia como uma mensagem de programa infantil escrito por Dr. Seuss. Até mesmo "Inner City Blues (Make Me Wanna Holler)" (1971), de Gaye, foi presenteada com ritmo e beleza, que, de alguma maneira, nublaram o tema de que se tratava. "Village Ghetto Land", por outro lado, é um exemplar sem molejo, uma experiência auditiva privada de diversão, sua elegância clássica funcionando como um embuste intencional. Ela pode até mesmo ter sido uma resposta sarcástica às condescendentes canções sobre a vida dos negros na cidade, canções que chegaram aos primeiros lugares das paradas como "In the Ghetto", cantada por todos, de Elvis Presley e Dolly Parton a Sammy Davis Jr. "Village Ghetto Land" revelou o blefe de "In the Ghetto", que se passava por "hino do coração partido" e (quando cooptado por Presley) também da culpa do branco, e que se mascarava como um álibi de empatia. "Village Ghetto Land" se despiu do artifício sentimental para expor um mundo mais horrível do que "In the Ghetto" jamais sonharia em representar.

Apesar de não poderem fingir que se expressavam por meio da experiência de serem negros (especialmente aquela do gueto norte-americano), os Kinks apresentaram com o single "Dead End Street" (1966) uma antecipação da cena sombria retratada em "Village Ghetto Land". A apatia existencial encontrada em um dos versos de Ray Davies — "para que estamos vivendo?" — diz, em poucas palavras, o que na versão de Stevie é extensivamente retratado. Ambas as canções compartilham o mesmo tipo de derrotismo incrédulo e de apresentação sem glamour, mas enquanto encontramos em Davies o lamento de uma crise pessoal, em Stevie encontramos a denúncia de uma epidemia de massa.

Os efeitos do pioneirismo de Stevie no sintetizador foram sentidos quase imediatamente, e, no começo dos anos 1980, a música pop substituía a instrumentação tradicional por máquinas ou alterava o som para que soasse menos humano. O R&B foi, sem dúvida, o mais afetado por essa fria transição. Sua dependência do calor das vozes e da comunicabilidade humana foi comprometida por padrões programados que pareciam clichês requentados no momento em que surgiam chacoalhando nos alto-falantes. Caricaturas inacreditáveis fabricadas no sintetizador TR-808, como "Sexual Healing", de Gaye, tinham o apelo sexual de uma calculadora, e ainda assim a maioria do público aceitou a plastificação da música soul. Não se pode culpar Stevie por todos os absurdos da era progressiva, bem como não se pode culpar os Beatles pelos conceitos exagerados do rock dos anos 1970. Contudo, foram suas ousadas experimentações que tornaram essa realidade possível.[31]

A simulação de instrumentos de cordas feitas no sintetizador de "Pastime Paradise" são um exemplo de quão realista poderia ser uma imitação dos instrumentos feita por Stevie. Diferentemente da falsificação de cordas em "Village Ghetto Land", "Pastime Paradise" evoca uma aproximação diferente, que permanece fiel à sua fonte de imitação. A canção representa um verdadeiro divisor de águas, distinguindo aqueles que transcenderam o preconceito daqueles que permaneceram teimosamente adolescentes. Os que ficaram do outro lado foram todos empilhados, com suas incongruências, e ainda hoje emitem um complicado som coletivo que exala perdão em estranhos e torturados suspiros. Se isso soa brega — "c'mon people now, smile on yer brother, everybody get together and try to love one another right now" [vamos lá, pessoal, sorria pro seu irmão, todos juntos tentando amar uns aos outros agora] — é porque, de certa forma, talvez o seja. Mas não se engane, "Pastime Paradise" é uma canção feita para passar uma mensagem tão sincera quanto "All You Need Is Love", e muito poderosa, pois contém a descoberta de um caminho para a iluminação.

O conceito de transcendência espiritual ou de iluminação individual se encontra no âmago do mantra Hare Krishna (ou Maha Mantra, que significa "Grande Mantra"), uma invocação do deus hindu Vishnu através de vocalização interna ou externa:

---

[31] Algumas coisas nunca mudam: os primeiros consumidores de sintetizadores Moog, nos anos 1960, foram casas de show comerciais que viram nas máquinas um modo barato e eficiente de substituir os cachês dos músicos nas apresentações.

Hare Krishna Hare Krishna
Krishna Krishna Hare Hare
Hare Rama Hare Rama
Rama Rama Hare Hare

De acordo com o falecido Srila Prabhupada, fundador da Sociedade Internacional para a Consciência de Krishna, "cantar [o mantra Hare Krishna] é o sublime método de reviver nossa consciência transcendental". Do mesmo modo que os refrãos da música pop perpetuados por Stevie (uma análise mais profunda será feita quando "As" for discutida), o mantra Hare Krishna busca romper o desconhecido e atravessar em direção à compreensão total. A compreensão plena, é claro, é o que a experiência mais deseja, o que vê nos recessos de seus sonhos. Somente a prática e a repetição, vitais à realização da verdadeira vida adulta, podem levar a esse estado.

Em um lance de genialidade conceitual, Stevie incorpora um canto Hare Krishna no minuto final de "Pastime Paradise": 12 vozes compõem o coral e se ajustam perfeitamente à estrutura de acordes da música, que some na mixagem quando se iniciam as repetições finais do refrão. Logo depois, o coral da West Angeles Church também se junta à canção, apresentando uma versão de "We Shall Overcome". Os dois corais, em uma harmonia heterogênea com o ritmo e percussão latinos (sinos Hare Krishna, caneca, conga e palmas) junto com os instrumentos de corda tocados no sintetizador, que lembravam "Eleanor Rigby", dos Beatles (como era o intuito de Stevie), serviam para prover uma demonstração tangível do intuito temático da canção: a unidade.[32]

---

[32] Na tentativa de obter uma batida no estilo de Earth, Wind & Fire, Wonder testou usar um tambor, mas removeu-a posteriormente, deixando para a percussão a função de cadenciar o ritmo.

"Pastime Paradise" censura aqueles que "desperdiçaram a maior parte de seu tempo glorificando dias que há muito ficaram para trás" [been wasting most their time glorifying days lone gone behind] e procuram iniciar "a vida em busca do paraíso futuro" [living for the future Paradise]. Em outras palavras, a utopia da alegria compartilhada só pode ser alcançada se for rejeitada a bagagem arcaica da ignorância (seja ela intolerância, exclusão ou ódio gratuito) e pela adoção de um acordo construtivo. As cordas produzidas pelo sintetizador de Stevie são sacudidas em um contraponto ansioso: ele sustenta a lógica de "Everyday People", de Sly and the Family Stone ("temos que viver juntos" [we got to live together]), mas com a sabedoria de um homem que passou pelo pior. Os dois corais que figuram na canção vêm de grupos sociais opostos, mas a intenção de Stevie é torná-los um só. Por meio dessa rede de universos disparatados, "Pastime Paradise" pratica o que prega, mesmo que seu sermão esteja enraizado na dura realidade dos muitos séculos de injustiças que não podem ser apagados.

O mantra Hare Krishna encontrou seu caminho para o léxico do rock'n'roll por intermédio dos Beatles, cujo flerte com a meditação transcendental nos anos 1960 alimentou inúmeras manchetes. Ele é sarcasticamente citado pelo vocal de Lennon em "I Am the Walrus" (1967), aparece em "Give Peace a Chance", o single de 1969 da Plastic Ono Band, e possui um papel ainda maior em "My Sweet Lord" (1971), de George Harrison.[33] A Apple Records foi mais longe e lançou o mantra como single pelo Radha Krsna Temple (com Harrison no harmônio e no violão) em 1970. Esses exemplos são, sem dúvida, anúncios de palanque (no

---

[33] Vocais de apoio gritam "Hare Krishna!" na versão de Harrison para "It Don't Come Easy", de Ringo Starr, gravada na mesma época.

caso de Lennon é uma crítica) de predileções espirituais em voga na época, usadas geralmente para preencher os vazios criados pela fama. O uso do mantra em "Pastime Paradise" é oportuno: trata-se da exploração de um produto da consciência, uma forma de promover uma mensagem de aceitação por meio de um dispositivo religioso "chique".

Em 1995, o cantor de rap da Costa Oeste norte-americana, Coolio transformou "Pastime Paradise" (alterando sua letra e adicionando alguns versos) em "Gangsta's Paradise", um single que atingiu o primeiro lugar nas paradas da *Billboard* e se tornou o tema de *Dangerous Minds*, um filme terrivelmente clichê sobre o ensino médio numa escola do centro da cidade. A música alcançou um sucesso tão grande que, desde então, usurpou o lugar da original de Stevie (que, ao contrário, não foi lançada como single e, portanto, não chegou às paradas) como versão principal conhecida do público. Excluindo o fato de substituir alguns versos de Stevie pelas rimas preguiçosas de Coolio, "Gangsta's Paradise" é apenas uma cópia de seu material original: o cantor de R&B L.V. imita o vocal de Stevie e um coral gospel, envolvido num reverb de catedral, assombra o fundo sonoro da canção. O coro Hare Krishna, contudo, foi excluído (uma das fraquezas mais aparentes do hip-hop é sua inabilidade ao lidar com idiossincrasias que se encontram fora da "norma" aceita pelo grupo) e os instrumentos de corda produzidos no sintetizador são constrangedoramente não convincentes.

Stevie era capaz de absorver as potencialidades estabelecidas por seus contemporâneos e substituí-las de uma forma que escapariam a artistas como Coolio e L.V. Ele assumiu o papel de um alquimista camaleônico: aperfeiçoou o delicado magnetismo de Gaye, a consciência social de Mayfield, a animação irrepreensível de Sly Stone e a resistência de Brown. A visão de

Stevie — consciente dos males e doenças do mundo, mas fortemente otimista e carregada de esperança — era criativamente posterior a *What's Going On* e pós-*There's a Riot Goin' On*: ele se recusava a ser dominado pela desilusão e pela paranoia e, em vez disso, propunha um caminho racional para um laço entre os seres humanos. Com essa atitude e a assimilação da força de seus contemporâneos, Stevie conseguiu manter sua visão única.

O artista nunca relaxou em seu papel, como, por exemplo, Bill Withers chegou a fazer — os grandes sucessos deste último surgiram no início da década de 1970, entre eles "Ain't No Sunshine", "Lean on Me" e "Use Me". Withers invocava uma aura reconfortante e paterna em suas canções, duro por necessidade, mas flexível; sem grandes esforços, cultivava a aura de vocalista descolado, inclinado para o funk.[34] Stevie, ao contrário, exprimia seus momentos de conforto em uma urgência inconsolável, e de maneira perspicaz. O tempo era curto, o futuro é agora — não havia tempo a perder. Era como se os clavinetes e sintetizadores de Stevie, bem como o andamento de sua bateria, fossem tentativas de musicalizar sirenes, de transmitir seu bat-sinal melódico.

Em 1976, todos os seus colegas artistas — aqueles que o haviam ajudado a construir uma nova era, uma destemida música soul — enfraqueciam seus ataques, uma vez que a década entrava em declínio. Para muitos, a entrada na verdadeira vida adulta também significava certa concessão a um determinado

---

[34] Withers também era capaz de operar no polo oposto. "You", a faixa de trabalho do álbum *Justments* (1974), é tão cáustica quanto "Positively 4th Street", de Bob Dylan. Nela Withers rejeita a hipocrisia e a cultura das drogas, que aflorava, como se elas estivessem embebidas em uma praga. Algo tão limítrofe no quesito emocional nunca faria parte do vocabulário musical de Wonder.

tipo de distração e de vício, que finalmente se infiltrou no som e no modo como enxergavam a música. *I Want You*, de Gaye, lançado pelo selo Tamla naquele ano, é um trabalho especialmente interessante como comparativo. Em essência um álbum de 35 minutos contínuos de pornografia leve, *I Want You* é em parte a continuação da explícita sexualidade de *Let's Get It On* e em parte uma concordância com o mundo "disco", um leve deslizar pela luxúria de fim de noite. O material que compôs *I Want You* sequer era caro a Gaye. A maior parte do disco foi coescrita por Leon Ware e T-Boy Ross[35] e recomendada a Gaye por Gordy, que obviamente procurava repetir o sucesso de *Let's Get It On*. Gaye recusou a sugestão diversas vezes até finalmente aceitá-la, uma mudança reveladora na hierarquia artística de um homem que possuía o controle conceitual de sua obra poucos anos antes.

I Want You é muito distante das demandas sociais de *What's Going On*, o álbum que serviu de exemplo para que Stevie lutasse pelo próprio controle criativo, longe das garras da Motown. Gaye ainda decidia como emitiria seu vocal aveludado e sobre seus arranjos cheios de detalhes, contudo, sua evolução de símbolo sexual para visionário parecia ter retornado ao ponto de partida. A visão do artista havia se tornado um prazer míope, voltado apenas para vulgares avanços sexuais, enquanto a de Stevie crescia expononcialmente.

Há pouco sexo na musica de Stevie. Singles mais antigos como "Signod Soaled Delivered" e "I Was Made to Love Her" eram faróis de submissão e provocação, respectivamente,

---

[35] Ware e Ross (o irmão mais novo de Diana Ross) tiveram um sucesso na Motown com "Be Where You Are", gravado por Michael Jackson em 1972.

e não declarações de apetite sexual masculino. Certamente não há excesso de sexualidade em qualquer música ou fragmento de *Songs* — na realidade, sua primeira canção de amor, "Knocks Me Off My Feet", não aparece até o segundo lado do primeiro disco. Todas as canções de amor do álbum possuem mais do que desejo carnal. Elas possuem a esperança de que o amor propicie recompensas muito maiores que a satisfação física: eternidade ("As") ou euforia ("Knocks Me Off My Feet") são tão sagradas quanto inefáveis, o que, em relação à música de Stevie, são sinais de misticismo redentor que transcende o mais típico dos desejos humanos.

Stevie permaneceu distante das tendências da revolução sexual nos anos seguintes, quando o afrouxamento das inibições se disseminou através da cultura de massa. Desde a década de 1950 o sexo passou a ser um aspecto inextricável da música. Os arquitetos do rock'n'roll — Chuck Berry, Little Richard, Jerry Lee Lewis — eram todos instigados pelo sexo, que surgia codificado em suas letras e insinuado em seus movimentos. Ainda que o R&B alcançasse outro dos seus picos de sexualidade dez anos depois da reprimida "Hold On, I'm Comin'", de Sam & Dave, e revelasse os torsos nus ou seminus de Gaye e Al Green, Stevie — em contraste — parecia quase assexuado em sua indiferença. Enquanto os filhos da revolução usavam o sexo como sua ferramenta de rebelião, Stevie perseguia assuntos menos fugazes do soul, tendo se cansado dos motins da adolescência, pois já havia travado suas batalhas e vencido. Seu ponto de vista (ou talvez, mais precisamente, a ausência dele) não era pudico ou monacal — ele se valia das texturas da música para falar sensualmente, produzindo ruídos sugestivos e conversas ao pé do ouvido. Sua calculada rejeição ao verniz de sua época não teve qualquer efeito em seu sucesso comercial.

Na realidade, isso somente o ajudou a se destacar em meio à multidão de pensamento uniforme.

Liricamente, Stevie tem uma postura de mais bom gosto em relação às questões de amor, é mais respeitoso do que alguns sucessos libidinosos das pistas de dança. Enquanto declaração de amor, "Knocks Me Off My Feet" é extremamente cuidadosa. É uma canção sobre o amor cortês, com declarações triunfantes, mas com cautela: "I don't want to bore you with it" [Eu não quero aborrecê-la com isso], o cantor repete várias vezes no refrão, "Oh but I love you, I love you, I love you" [Mas eu te amo, te amo, te amo]. Sua declaração obsessiva é feita com consciência da repetição existente numa declaração de amor como essa (como em "Joy Inside My Tears", em que o cantor surpreende ao dizer a única coisa que pretendia evitar). O arranjo do refrão revela esse fato, envolto em grandiosidade; os acordes assertivos de piano e o rufar dos tambores nos levam para os versos contaminados de amor, "There's sumptin 'bout your love/ That makes me weak and knocks me off my feet" [Há algo em seu amor/ Que me enfraquece e me faz ajoelhar a seus pés].

Desse modo, cuidado e cortesia pairam por todos os cantos da canção e preenchem suas brechas. A narrativa trata de uma conexão sem palavras, quase telepática, entre amantes (as descrições poéticas "palavras de nossos corações" e "olhos de minha mente" emprestam um tom impressionista à canção), um silêncio compartilhado que poderia, compreensivelmente, ser interrompido pela rodundante monotonia de palavras — não fale, coloque sua cabeça em meu ombro ("Don't Talk (Put Your Head on My Shoulder)" [1966]), diria a cantiga de ninar dos Beach Boys. Há uma sequência de quatro notas em cada refrão, logo depois de "There's sumptin 'bout your love", uma variação na melodia, como se esta ficasse insegura, ou ao menos ciente de que poderá soar muito presunçosa no momento de sua confissão. Isso é tão distante do clímax físico de "Come Live with Me Angel", de Gaye (ou até mesmo de "I'm Still in Love with You", de Green), que qualquer traço de conotação sexual, a que a narrativa alude mas nunca concretiza, teria que ser procurada nos espaços silenciosos da canção.

Na estrofe final de "Knocks Me Off My Feet", a canção sobe meio compasso. Trata-se de uma clássica manobra para levar a música a um clímax, um trago de ar que traz o impulso de seguir adiante, aquela mudança no clima que acentua o otimismo da música. No caso particular dessa canção, a mudança de acorde sugere a ação arrebatadora e transitória do título; não um fogo nos quadris ou um banquete para os olhos, nem uma rajada de vento na mente, mas sim uma súbita leveza de espírito (*I Want You* possui flutuações similares em seus acordes — enquanto um disco de extrema fisicalidade, sua base oscila entre as constantes contrações de desejo e libertação).

Outros pesos-pesados do R&B e do rock sofreram retrocessos artísticos ainda maiores por volta de 1976: *Give Get Take Have,* de Mayfield, era mais enfadonho do que atual; a tentativa de Sly Stone de um retorno à altura de *Stand!* falhou com o lançamento do flácido *Heard Ya Missed Me, Well I'm Back*; e o prolífico período de experimentações seminais de Brown estava quase se tornando uma prolongada autoparódia, perdendo a voz que tinha escrito hinos de orgulho e autonomia dos negros ("I Don't Want Nobody to Give Me Nothing (Open Up the Door I'll Get It Myself)," "Say It Loud (I'm Black and I'm Proud)"). Até mesmo os Temptations reduziram sua formação aos dois membros originais e voltaram a fazer uma música muito menos interessante; o inegável período de sucesso de crítica e de público de Green tinha acabado de chegar ao fim quando ele entrou para a igreja depois do incidente fatídico em que sua ex-namorada o queimou em várias partes do corpo e depois se suicidou; e Miles Davis, que havia lutado durante toda a década de 1970 para integrar seu jazz desafiador ao universo do rock e do soul, tinha anunciado pouco antes sua aposentadoria. Stax Records, o selo de R&B de Memphis — que vinha sendo a casa de artistas como Otis Redding, Sam and Dave, Booker T & The MGs e Hayes desde 1959 (Gaye certa vez chamou o selo de "uma ameaça" para a Motown, e reconheceu que continha "mais raízes, mais coragem, mais negritude") —, declarou falência em 1976, depois de anos de luta contra dificuldades financeiras. Levaria ainda três anos até que Michael Jackson conseguisse posicionar o soul na Era Disco com *Off the Wall* e que Prince "se apaixonasse por você" e "quisesse ser seu amante".[36]

Na realidade, o R&B e o soul não davam continuidade às suas próprias promessas em meados dos anos 1970, e, como resultado disso, a segunda metade da década sentiu uma queda de qualidade notável. O movimento que buscava propagar uma nova consciência social por meio do pop sumiu tão rápido quanto havia surgido. Não que os artistas devam ser culpados; até mesmo os mais bem-intencionados podem sofrer de um complexo de inferioridade quando confrontados com as tendências de sucesso. Além disso, existiam os vícios e as distrações que rondavam a música pop — carreiras precisavam ser cheiradas, saias levantadas e pílulas ingeridas. Stevie não somente continuou ligado a um conteúdo socialmente consciente (e,

---

[36] Brincadeira do autor com "I Wanna Be Your Lover" e "FallInLove2Night", duas canções do segundo álbum do artista, *Prince*, lançado em 1979. [N.T.]

sem sombra de dúvida, intelectualmente estimulante), como até mesmo agregou à sua estética algumas demandas do momento: uma canção como "Another Star" tinha sido construída para os sistemas de som de discotecas, mas faltava-lhe o conteúdo vazio e inofensivo que tais canções costumavam trazer.

Uma faixa como "Black Man" era, em 1976, algo como uma anomalia. Ela se voltava para as questões dos direitos civis que a música soul assumia e expressava tão bem no início da década, e que, posteriormente, havia sido atropelada por uma debandada de ritmos e atitudes irrelevantes. Ela recolheu os ideais pelos quais ainda valia a pena lutar, enfatizando as simples lições de aceitação e unidade, inserindo-as novamente na consciência de um público que se encontrava, sem qualquer cerimônia, anestesiado nos dias descompromissados da administração Ford. "Black Man" é uma mensagem e uma lição em forma de música, e, mais importante, é um lembrete persistente, uma rígida intimação contra a aquiescência moral.

"Black Man" recicla o cíclico riff de "Higher Ground", mas afia drasticamente suas mudanças de acorde com uma sessão de instrumentos de sopro. É ao mesmo tempo lenta e superestimulada, um enorme contraste com a marca registrada de Stevie, seu som um pouco mais arrastado. Como "Higher Ground" e "Superstition", de construção semelhante, a canção segue em urgência. Seu molde utilitário (versos com três acordes e mais um quarto acorde adicionado em cada refrão) permite que sua apresentação seja frenética sem se tornar complicada, permite que se esmurre o som, mas com foco. O padrão de bateria de Stevie é um tanto quanto não ortodoxo — do mesmo modo que "Ticket to Ride", dos Beatles, ele serve como um complemento polirrítmico à canção, não simplesmente como uma batida ao fundo. Os tons são apresentados como acentos no padrão, ainda que fiquem obscurecidos na maior parte da densa mixagem da faixa. Stevie controla os tons através de um pedal Mu-Tron III, do qual tinha sido um ávido defensor desde a primeira vez que o usou, para emular o som de um clavinete em "Higher Ground".[37] O filtro do pedal alterou a ressonância-padrão para toques macios.

Aos oito minutos e meio, a canção, intencionalmente, torna-se um grande desenrolar de informações, muito parecido com a lição escolar que ela imita. A letra de Wonder e Byrd documenta exaustivamente as contribuições e os sacrifícios feitos por americanos de todas as cores. Apesar de seu título se referir somente a uma cor em particular, "Black Man" é uma canção sobre universalidade e aceitação incondicional. Há uma alusão a "This Land Is Your Land", de Woody Guthrie, no final de cada quarto acorde — "It's time we learned/ This world was made for all men" [Está na hora de aprendermos/ Este mundo foi feito para todos os homens] —, sem qualquer um dos traços de ironia e desconfiança encontrados na canção de Guthrie. As palavras de Stevie não estão abertas ao debate.

É uma reescrita crítica e construtiva de "(Don't Worry) If There's a Hell Below, We're All Going to Go" (1970), de Mayfield. Ambas as canções compartilham, inclusive, o mesmo ritmo agitado. A lição de Mayfield, contudo, é um contraste fatalista: se inicia com uma descarada invocação de estereótipos ("Irmãs! Crioulos! Branquelos! Judeus! Azedos!") e segue adiante para antever a harmonia racial somente à custa do fim do mundo.

---

[37] Em 1973, um comercial de revista retratava Wonder alegremente posando com um Mu-Tron III para a câmera. O anúncio aconselhava o leitor a escutar "Higher Ground" para "uma convincente demonstração de o que um Mu-Tron III pode fazer".

"Black Man" substitui as batidas acusações de Mayfield por moderadas demonstrações de igualdade, esperando firmemente que assim possa gerar um diálogo em vez de destruir a última chance de ele ocorrer. Havia espaço para todos os que não tivessem desprezo para esse processo de cura psicológica. Uma canção não é necessariamente melhor que a outra, mas "Black Man" tenta resolver os problemas que aparentam ser tão insolúveis na canção de Mayfield — resta a Stevie acreditar em ajustes tão otimistas.

A segunda metade da canção — um coro de perguntas e respostas entre professores e estudantes (muitos da Harlem's Al Fann Theatrical Ensemble) — funciona basicamente como um coro gospel. Um dos muitos "professores" convidados faz uma pergunta ("Quem foi o primeiro americano a mostrar aos peregrinos em Plymouth os segredos da sobrevivência no Novo Mundo?"), e o tropel de crianças grita de volta um nome ("Squanto, o índio!"). O caráter informativo desta parte, sem mencionar a agressividade gratuita dada a uma simples progressão sustenida, é geralmente tida como a parte mais tediosa ou supérflua do álbum (John Swenson, em sua biografia sobre Wonder, refere-se à canção como "o tipo de polêmica que sempre vale a pena apoiar, mas que raramente é agradável de se ouvir"). Tal resistência é facilmente entendida. No entanto, é motivada mais pelo desejo de separar o rock dos estudos do que qualquer outra coisa. "Black Man" é a experiência em ação, a captura de um momento de conhecimento derrotando a ignorância.

"Sir Duke" também é uma canção que dissemina conhecimento, embora muito mais fácil de ser apreciada, talvez por conta de sua frase melódica mais sucinta, mas também pelo fato de sua "lição" não ser um exercício escolar tão elementar. Contudo, qual a razão de no meio de uma lista de músicos negros influentes, no coração de "Sir Duke", surgir o nome de Glenn Miller? A pequena lista, passada em revista, de "alguns pioneiros da música", homenageia Duke Ellington, Count Basie, Louis Armstrong, Ella Fitzgerald... e Glenn Miller? A big band de Miller, com seu balançado comportado e sua classe, é um exemplo do estilo dos músicos brancos no jazz e dificilmente seria a escolha para figurar ao lado de grandes nomes negros menos "caretas". O fato é que Stevie nunca permitiu que questões raciais interferissem em sua apreciação da música. Enquanto adolescente, os covers que realizou (salvo a imitação inicial de Ray Charles) eram de artistas brancos: "Blowin' in the Wind", de Bob Dylan, "Alfie", de Burt Bacharach, "We Can Work It Out", dos Beatles. Dylan tinha o apelo da crítica social, e os Beatles eram modelos para as aventuras multitrackings das canções de Stevie. *Sgt. Pepper's Lonely Hearts Club Band* foi um dos álbuns dos Beatles que realmente inspiraram o modo como o artista viria a fazer música, especialmente as colagens únicas como "Being for the Benefit of Mr. Kite", que só poderiam ter sido realizadas em um estúdio de gravação.[38] A improvável conexão que sentia com Bacharach (que era como uma versão mais engomada de Miller) era baseada mais em um pressentimento: "Sempre me perguntei", Stevie relatou, "se a vida de Bacharach foi influenciada por algum negro, por causa de suas canções — elas têm mais apelo para pessoas negras, pois essas conseguem se associar ao clima de seus acordes".[39]

---

[38] Em 1973, na revista *Coast*, o crítico Vince Aletti descreveu "a música negra do tipo que Wonder realizava" como uma "combinação do sentimento do negro com a técnica de estúdio do branco". Uma canção como "Pastime Paradise" é um perfeito exemplo da união de uma forte emoção com um planejamento extremamente cuidadoso.

[39] Dionne Warwick foi outra artista negra que se inspirou no pop de co-

Ellington, contudo, é uma escolha muito mais lógica para figurar entre os afetos de Stevie. Sua música tem um ritmo incrível e ainda provê um amplo espaço para improvisação. Do mesmo modo que Stevie, ele era tanto um visionário em seu gênero — o jazz — como um prolífico compositor. Mais do que isso, Ellington foi um indomável gigante da música norte-americana, um dos que deram um exemplo de ousadia para artistas que, como Stevie, o seguiram. O músico de jazz tinha falecido pouco antes — sucumbindo ao câncer em maio de 1974 —, e "Sir Duke" foi a maneira que Stevie encontrou de homenageá-lo. Canções de tributo "educativas" se tornariam um padrão recorrente para Stevie, que posteriormente gravou tributos a Bob Marley ("Master Blaster (Jammin')") e a Martin Luther King Jr. ("Happy Birthday") em seu disco *Hotter Than July* (1980). "Sir Duke" reconhece a rica herança musical que corre nas veias da música popular contemporânea quase como se pagasse tributo a seus ancestrais. É instrutiva e divertida, uma música que edifica o gosto musical do ouvinte por meio de trechos e conselhos como "Just because a record has a groove/ Don't make it in the groove" [Só porque um disco tem uma levada/ Não se deixe levar por ela]. O refrão da música, com seu imperturbável "you can feel it all over" [você pode senti-lo por toda parte] é, por si só, uma incrível aula de música.

O arranjo instrumental oscilante, que salta para cima e para baixo em uníssono nas escalas de teclado, guitarra, baixo e sopro, é uma fantástica preparação para o estudo do jazz. Não é possível dançar durante o refrão do modo como se dança com o restante da canção, mas é possível maravilhar-se com ele, um

---

res pastel de Bacharach. Sua versão de "Alfie" alcançou o 15º lugar nas paradas de sucesso em 1967.

leve respiro longe do magnetismo contagiante do restante da canção. Musicalmente, trata-se da conexão direta com Ellington (há traços óbvios de canções como "Hot and Bothered", por exemplo), uma complexa representante da música pop com um sofisticado e inato suingue. Trata-se de um uso muito mais genuíno e clássico do jazz do que a fusão datada em "Contusion", incorporando tanto partes de elegância quanto de intelectualismo.

"Sir Duke" é uma das músicas mais facilmente reconhecíveis de Stevie, mesmo que alguns de seus ouvintes não saibam dizer o nome da canção — seu título é citado uma vez, em um dos versos, enquanto o refrão "you can feel it all over" recebe uma repetição mais transcendente e consagradora. Uma de suas características mais cativantes é a maneira com que ela documenta a alegria que a boa música nos traz: essa alegria está incorporada na melodia e no arranjo, e ganha ainda mais destaque com a letra. Poderíamos dizer que essa música é um "metapop", uma canção contagiante que fala de quanto uma canção pop pode ser contagiante, enquanto ela mesma é contagiante. Portanto, seu impacto é ao mesmo tempo calculado e subliminar: do mesmo modo que um cigarro, parte do vício causado por "Sir Duke" deriva de seu design. Não é necessário observar a canção de maneira tão analítica, mas assim se explica a razão de seu fascínio ser tão grande. "Sir Duke" explora profundamente o groove em cada detalhe de sua construção. A lição da canção é bastante simples. Parafraseando outra canção de Ellington: "It don't mean a thing if it ain't got that swing" [não quer dizer nada se não houver suingue].

Em seu íntimo, *Songs* é sobre a experiência visceral, e não somente uma série de mensagens de autoajuda. Trata de transições emocionais significantes, epifanias que mudam vidas, passagens ritualísticas da ignorância para o conhecimento. Momentos que realmente importam; a parte da equação na qual o cálculo é mais valioso do que a simples solução. *Songs* acumula um amplo espectro de questões existenciais, mas o resultado é sobre como essas características se unem, produzindo um eterno conhecimento através de disseminação e ação.

"Summer Soft" é uma dessas canções de transição, o amadurecimento representado por meio das mudanças de estação. Cada estrofe se inicia com um gentil despertar, confortavelmente desorientador — o vento ou a chuva brincando na vidraça de uma janela, um beijo levantando um corpo da cama. Em um instante as coisas mudam — o que acreditávamos ser real se transforma em um fragmento do passado imediato.

> And so you wait to see what she'll do
> Is it sun or rain for you
> But it breaks your heart in two
> When you find it's October
> And she's gone
> Summer's gone
> Taking with her summer's play

O brando arranjo da canção recebe uma propulsão nesses súbitos refrãos, perseguindo as estações fugazes. Se o verão significa o amadurecimento da vida adulta, então o contínuo e decisivo passeio pelas estações precedentes (e, por fim, o retorno ao verão) implica novas conquistas da maturidade.

Desorientação é parte essencial da narrativa de "Summer Soft". As estações personificadas e as mudanças no clima transmitem sinais contraditórios que disfarçam suas verdadeiras intenções (o que acontece frequentemente na meteorologia). Para realçar esse brusco sentimento de mudança, a canção flerta com mudanças de tom durante o final do refrão, emulando a transitoriedade da letra. As estrofes durante esta coda transitam entre a primavera ("April" [abril]) e o outono ("October" [outubro]) de modo que cada troca para um tom ascendente implica uma mudança de estação.

O arranjo de "Summer Soft" é cristalino. A figura do piano acústico, que abre a canção sozinho, tem a clareza de um fio de luz, descendo por uma série de oitavas em um mar de sons de grilos.[40] As batidas no tambor e o luminoso violão de Ben Bridges que os seguem são simplesmente vibrantes. Ronnie Foster[41] marca os limites da canção com seu órgão Hammond, no radiante estilo de Jimmy Smith, que envolve a voz de Stevie, imitando as notas e sua inflexão. O vocal de Stevie fica agitado durante os empolgados refrãos, especialmente quando os instrumentos aumentam sua intensidade durante a escalada de acordes. Sua voz, acelerada pelas constantes mudanças e quase se atrapalhando para conseguir acompanhá-las, simula como seria deixar a sensação de falta de ar tomar conta, e então ele a deixa, desintegrando-se em um canto sem palavras e em um grito triunfante antes de passar a tocha para Foster. Foster incendeia tudo. Aqui está a experiência: blocos de três meses

---

[40] Esses zumbidos e demais sons da natureza virão à tona novamente, com significância temática, em *Skylarking* (1986), de XTC, um álbum que tem no clima e nas estações o sumo de seu conceito. A canção "Season Cycle", em particular, se vale do modelo cíclico de "Summer Soft" para abordar questões existenciais.

[41] Foster, um badalado tecladista de soul e jazz, cujos álbuns de sucesso que gravou para a Blue Note no início dos anos 1970 permanecem fora de catálogo, tocou em gravações de inúmeros artistas, de George Benson a Roberta Flack. Ele costumava gravar versões de sucesso do soul-pop de artistas como Al Green e Gamble & Huff. Em *Sweet Revival* (1972), gravou uma versão de "Superwoman", de Wonder.

que conduzem a outra e mais outra estação e, em um instante, em um rápido fade-out, tudo acaba.

A inspiração que cultiva a verdadeira transcendência artística é tão efêmera quanto as estações. Bons artistas podem permanecer bons durante toda a vida. Em outras palavras, é fácil adquirir uma pertinência que não é tão dolorosa de ser mantida. Não há mal nem grande significado nisso. Contudo, para a pequena porcentagem de artistas que transcende a média, resta apenas uma pequena quantidade de tempo (um período, digamos, entre quatro meses e quatro anos) na qual se pode ser verdadeiramente grande. Nesses longos momentos de iluminação, quando o mundo é visto como ele é de fato, o inconsciente coletivo junguiano é alcançado — como um hacker invade a memória de um computador. John Coltrane, por exemplo, alcançou o inconsciente coletivo com seu "clássico" quarteto entre 1961 e 1965. Seu momento de verdadeira transcendência, de percepção da presença divina no Universo, foi o álbum de 1964, *A Love Supreme*, indiscutivelmente uma das maiores obras de arte, de qualquer área. O período de transcendência criativa de Bob Dylan durou entre 1963 e 1966, o dos Beatles, de 1965 a 1969, e assim por diante.

Existe uma demanda irracional projetada pelo público sobre os artistas, uma demanda que insiste que o temporário período de iluminação seja sustentado por anos, e até mesmo décadas. Tais expectativas são absolutamente ridículas, por razões óbvias. Parte do apelo em se testemunhar um show dos Rolling Stones nos dias de hoje é justamente a aposta que se faz, a minúscula esperança de ver um grupo de ícones idosos tocar de uma maneira milagrosa que possa se comparar ao modo como tocavam trinta anos atrás. De maneira semelhante, alguns artistas exercem tamanha influência sobre seu público, que esse último continua a comprar seus álbuns por décadas após sua maior obra-prima, simplesmente para perceber que um segundo período de iluminação não ocorrerá (nunca acontece). O rock'n'roll exerce esse tipo de influência sobre seus discípulos. Como Christgau desenvolve em sua resenha de *Songs* no *Village Voice*, "Stevie Wonder me lembrou nitidamente a razão de eu nunca ter parado de prestar atenção ao rock'n'roll, apesar de paixões em potencial como o jazz e o romance: o rock'n'roll não somente diz algo sobre as pessoas, ele também diz algo para elas".

Antes de 1972, Stevie era, independentemente de sua inclinação para as apresentações virtuosas, um artista mediano. Desde 1976, Stevie tem sido um artista mediano. Será possível que, ainda hoje, no início do século XXI — bem distantes de algo definível como um período de ouro —, fiquemos desapontados quando um novo álbum de Stevie é lançado e não se encontra no nível de uma de suas obras-primas? Seu incrível talento não se prova necessariamente relevante na discussão de seu posicionamento, tampouco os vários momentos brilhantes que aconteceram nesses anos. "I Was Made to Love Her", "Signed Sealed Delivered", "Uptight (Everything's Alright)" são exemplos de excelência em meio a criações prosaicas. *Songs* foi o último trabalho de Stevie criado enquanto ele estava ligado ao inconsciente coletivo; ele lutou para concluí-lo antes de a porta se fechar.[42] Enquanto se encontrava sob o feitiço desse fugaz período de iluminação (1972-76), Stevie capitalizou sua maré de

---

[42] "Último trabalho de iluminação" significa apenas isso: nunca haverá outro álbum de Stevie Wonder que seja tão criativamente transcendente quanto aqueles realizados entre 1972 e 1976. Não tenho como prever o futuro, mas, ainda assim, apesar do ridículo otimismo que alguns precisam estampar, estou afirmando uma verdade irrefutável.

sorte (sua bênção criativa, se preferir) escrevendo e gravando quase o tempo inteiro, e fazendo pouco mais do que isso.

O artista perdeu a capacidade de encantar, digamos assim, imediatamente após a criação de Songs. Ele tinha somente 26 anos na época: perto o suficiente da adolescência para lembrar de suas engrenagens e, no entanto, ingênuo o suficiente para arriscar todas elas em nome das consagradas promessas da vida adulta. Seu álbum seguinte, *Journey Through the Secret Life of Plants* (1979), é um exemplo clássico desse súbito abandono sofrido pela musa. Esse álbum duplo não só foi lançado após o maior intervalo entre os trabalhos da carreira do artista (três anos), como é possível que se trate do lançamento comercial mais estranho já feito por um grande artista pop no auge da fama: uma trilha sonora altamente instrumental para um documentário (*The Secret Life of Plants*) baseado em um livro que filosofava sobre a possível existência de emoções no reino vegetal, composta na linguagem futurista dos sintetizadores modernos.[43] Há um esforço quase consciente para ignorar singles de sucesso no estufado álbum — este foi o inevitável resultado do dreno de criatividade realizado nos anos anteriores, tendo em vista que a vontade ambiciosa persistia, mas as recompensas eram poucas e distantes do que foram um dia. Até mesmo Gordy, ao ouvir as

---

[43] Notavelmente, Wonder foi o grande artista de R&B na década de 1970 que não partilhou a tendência de fazer trilha sonora para filmes de *blaxploitation*. Em 1971 Hayes compôs a trilha sonora de *Shaft*, Mayfield compôs a de *Superfly* em 1972, no mesmo ano Gaye compôs a de *O terrível Mister T* e Brown participou da trilha de *O chefão de Nova York* em 1973. Embora a primeira incursão de Wonder em trilhas sonoras tenha ocorrido somente no final dos anos 1970, ele revisitaria o desafio em 1984 com *A dama de vermelho*, de Gene Wilder, e em 1991 com *Febre da selva*, de Spike Lee.

gravações pela primeira vez, foi pego de surpresa pela dificuldade comercial do disco e cortou pela metade as despesas de lançamento. Ainda assim, a popularidade de Stevie na época era tamanha que, apesar da rejeição quase total ao apelo de massas, *Secret Life of Plants* atingiu imediatamente (ainda que brevemente) o quarto lugar nas paradas e seu single, "Send One Your Love", atingiu o primeiro lugar.[44]

Songs trouxe a passagem de Stevie para a vida adulta, um destino sem volta, onde não se consegue mais diferenciar entre uma boa canção e uma porcaria qualquer, onde se trabalha o dobro para encontrar um ritmo com metade do suingue de antes e já não há ligação real com a moda do momento. *Songs* comprou essa passagem e *Secret Life of Plants* mostrou o recibo amassado. A transição que *Songs* representa, inevitável até mesmo para aqueles que vivem suas vidas fugindo dela, é a mesma que Blake lamentou em *Canções de inocência e de experiência*. Stevie cantou a vida do mesmo ponto de vista que Blake a havia louvado quase duzentos anos antes.

---

[44] *Journey Through the Secret Life of Plants* tentou superar os esforços anteriores dos caprichos de Wonder no que diz respeito à sua apresentação. O artista originalmente pedira perfume de plantas na capa do disco, mas a ideia foi cancelada (e, com isso, o disco, atrasado) quando se descobriu que a fragrância tinha um efeito desastroso sobre o vinil.

IV. Morte

> They say ev'ry man needs protection,
> They say ev'ry man must fall.
> Yet I swear I see my reflection
> Some place so high above this wall.
> I see my light come shining
> From the west unto the east.
> Any day now, any day now,
> I shall be released.
>
> — BOB DYLAN, "I SHALL BE RELEASED"

Stevie viu tudo antes que acontecesse: sua morte prematura, incompleta e inconclusiva, tão inexplicável quanto iminente. Ele começou a receber premonições fatais no início de 1973; elas o levaram a escrever e gravar rapidamente, seu legado persistindo sob a pressão de um terror mortal indefinido. "Ele vê a Terra vagando em direção a um fim destrutivo", escreveu Ben Fong-Torres em sua introdução de uma entrevista com Stevie para a revista *Rolling Stone*, em 1973. "Ele se vê morrendo em breve."

Songs se tornou um disco de mensagens urgentes intuitivas e preventivas: "Higher Ground", por exemplo, insinuou-se num piscar de olhos, uma espécie de transmissão que Stevie recebeu sem qualquer aviso. Ela é um relâmpago na forma de rock'n'roll apocalíptico, com sua consagrada ideologia escondida em um ritmo constante, e os vislumbres da vida após a morte e da reencarnação surgindo em meio a um desfile de clavinete. É assim que a música pop se torna profecia, que algo criado para fazer você balançar os quadris se revela, na realidade, uma conspiração psicológica. O indiscutível grande single dos anos 1970 retratar a mortalidade como o âmago de sua composição é um grande feito de uma mente futurista.

Sua intuição extrema atingiu um nível crítico em *Songs*, que ampliou a crise pessoal para um panorama mundial. Somente no primeiro LP, quatro canções — "Love's in Need of Love Today", "Have a Talk With God", "Village Ghetto Land" e "Pastime Paradise" — são alimentadas por uma assombrosa sensação de ruína iminente, que deve ser evitada a todo custo, visões de futuros destrutivos que necessitam de atenção imediata para serem remediados. Elas não chegam nem perto da urgência sonora de "Higher Ground", pois se encontram alguns anos distantes daquele pânico inicial. Ao revelar a frágil mortalidade a um ansioso público, é melhor não fazê-lo com rapidez, não incentivar movimentos apressados em direção às poucas saídas de emergência disponíveis.

Enquanto os anos 1970 se erguiam sobre o prematuro cadáver do idealismo, o rock'n'roll e o R&B mantinham a morte a distância. Ainda existiam exemplos de uma confrontação vigorosa: "Gimme Shelter", dos Rolling Stones, ou "Mercy Mercy Me (The Ecology)", de Gaye. Mas as bandas e artistas estavam mais se aproximando do som da morte (vide *There's a Riot Gain' On*, de Sly & The Family Stone) do que falando livremente sobre sua inquestionável presença. "(Don't Worry) If There's a Hell Below, We're All Going to Go", de Mayfield, uma canção de funk assustadora, que nos dava a impressão de estar no banco do carona de um carro que seguia em direção ao fim do mundo.[45] "Higher Ground" reconhecia o terror conformado de Mayfield, mas também procurava um modo de criar algo otimista a partir de uma situação terrível. Estava carregada com o potencial de uma consciência de redenção, de um universo paralelo pós-vida, uma realidade alternativa, qualquer coisa que causasse um lampejo de esperança em meio à nuvem da morte.

Na noite de 6 de agosto de 1973, três dias após o lançamento de *Innervisions*, as premonições se tornaram realidade. Stevie e sua banda estavam em turnê pelo sul dos Estados Unidos, onde receberam uma resposta muito menos entusiasmada do que se esperava enquanto abriam o show para os Rolling Stones. O artista deixou Greenville, Carolina do Sul, naquela noite, viajando velozmente em um carro com seu primo, John Harris; os dois rumavam para a próxima parada da turnê: Durham, na Carolina do Norte. Viajando ao longo da Interstate 85, adjacente a uma área conhecida como God's Country, Harris dirigia próximo a um caminhão de toras, na altura de Salisbury. Em um momento digno das piores suspeitas de um paranoico, o motorista do caminhão pisou no freio, desalojando uma tora que se lançou ao ar — com um desprezo incrível pela gravidade

---

[45] De maneira surpreendente, a versão em single da canção (sua duração teve que ser cortada ao meio) chegou ao terceiro lugar nas paradas de R&B e em 29º nas demais. Quem diria que a visão de um apocalipse de intolerância poderia ser um sucesso?

— e encontrou seu caminho inevitável, atravessando o para-brisa do carro de Stevie.

Stevie Wonder dormia quando a tora o acertou diretamente na cabeça. Quando chegou ao hospital North Carolina Baptist, tinha o crânio fraturado e danos cerebrais. Foi necessário aguardar quase uma semana para que ele saísse do coma, período em que rumores de uma suposta morte percorriam toda a mídia. Ira Tucker foi a primeira pessoa que conseguiu que Stevie mostrasse algum sinal de vida, e fez isso cantando "Higher Ground" em seu ouvido.

"A única coisa que sei", Stevie explicaria depois, "é que... eu definitivamente me encontrava em um lugar espiritual muito melhor, que me fez ter consciência de muita coisa a respeito de minha vida e meu futuro e o que eu deveria fazer para alcançar um patamar superior ['higher ground']".

Com esse acidente Stevie havia pressagiado a morte e se rebelado contra ela, lutando contra os dentes afiados e o estômago faminto que caçavam sua consciência desperta. Contudo, o artista hesitou em incluir uma vívida representação da morte em suas canções. Ele poderia facilmente falar aos marginalizados da sociedade e às pessoas do "Pastime Paradise" e suas deploráveis criações da "Village Ghetto Land", criando esquetes musicais palpáveis sobre os locais em que se vive somente para morrer. No entanto, ainda que tenha mantido a mortalidade em sua mira, se absteve de reivindicá-la, publicamente, para si mesmo.

Perguntar-se "Por quê?" é ignorar a fraqueza do pop, sua necessidade de autopreservação: a morte é um tema em contradição direta com os instintos primais da música pop. A maior parte das pessoas busca emoções mais leves nas músicas contemporâneas que escutam: redenção, confiança, sinais de vida.

Não há tempo para ser confrontado por uma forma de arte que ostenta duras verdades. As únicas trilhas sonoras necessárias são aquelas que trazem reminiscências dos momentos sentimentais, ou aquela que faz com que as rodas do carrinho de compras se movam mais suavemente.

Nem sempre foi dessa forma. Antes de a cultura popular ter se transformado em um movimento nacional de assimilação de tendências, as canções refletiam o espectro completo da vida, incluindo a morte. A música folk, o blues e a música country norte-americana não eram temáticos para estilos de vida específicos; eles *eram* a vida, extraídos, de algum modo, do éter e manifestados em experiências musicais compartilhadas. Bandas desde The Carter Family até Mississippi John Hurt cantavam sobre a morte frequentemente, pois ela era um aspecto inevitável de sua cultura popular, logo, de sua existência: seria irresponsabilidade não cantá-la. O melhor R&B e o melhor soul continuaram com esta autenticidade que reflete a vida, expressando exclusivamente verdades instintivas, de maneira popular e sem adornos. Em um artigo de 1974 da *Let It Rock*, que defendia parcialmente *Fulfillingness' First Finale*, Richard Williams definiu a soul music em uma era controlada pelos grandes comerciantes de tendências:

> A música soul não trata das características das diferentes drogas chiques, nem das delícias de ser uma superestrela, vivendo em hotéis caros e trancando com contornos de fãs. Ela não trata de estender os preceitos de Antonin Artaud ao reino da música, tampouco aborda os oceanos topográficos, a Guerra Civil norte-americana ou se concentra em alternar compassos de 7/4 para 13/8... A música R&B ainda trata de seu público — ela fala com ele e para ele, nos termos que ele usa... Pouquíssimas canções

de rock possuem o calor, essa intimidade entre artista e ouvinte... [Fãs de R&B] simplesmente compram os discos, dançam, curtem o som e se identificam com os sentimentos. É essa a ideia.

Em outras palavras, a música soul é uma coisa séria. Ela não se importa com plasticidade, com pose ou ritmos impenetráveis, e é possuída por sua própria mortalidade, pela constante lembrança — com orgulho — de suas imperfeições. O argumento de William de que o rock perdera, realmente, a noção da realidade (ou seja, de seu *dever*) pode ter sido um tanto quanto exagerado, mas não deixa de ser claro: a verdade não se esconde atrás de alguma maquiagem espalhafatosa, tampouco voa, descontente, procurando a próxima moda ou mania a que se apegar. Há uma tendência corriqueira na música pop que é a de perder de vista a verdade ao passar batom na frente do espelho ou prestar atenção em uma lantejoula de seu cinto cravejado, distrações de tamanha magnitude que conduzem a certas ilusões de imortalidade.

Os Rolling Stones são precursores na arte de fabricar ilusões opressoras da verdade, título conquistado por sua fama de depravação nos estádios do mundo inteiro. Stevie abria o show dos Stones na turnê norte-americana do grupo, em 1972 — uma oportunidade que veio a se tornar um desastre. Stevie não somente foi mal divulgado e pessimamente gerenciado, como o público dos Stones também não deu qualquer sinal de entusiasmo por sua música.[46] Incluir Stevie na decadente turnê norte-

---

[46] Em seu livro *S.T.P.: A Journey Through America with the Rolling Stones*, Robert Greenfield descreve como a jovem plateia em Vancouver, British Columbia, "sentou-se docilmente no chão durante a apresentação de Wonder".

-americana dos Stones (documentada no filme de Robert Frank, *Cocksucker Blues*) tinha o propósito, em parte, de expô-lo, com Wonderlove (uma das poucas bandas de rock com componentes negros e brancos da época), a uma audiência predominantemente branca. Os verdadeiros líderes da banda, Mick Jagger e Keith Richards, não tornaram as coisas mais simples — o mundo de entorpecentes que frequentavam não tinha qualquer apelo para Stevie e as críticas maldosas que os dois endereçavam ao artista, via imprensa, pioravam ainda mais as coisas (Richards chegou a ponto de chamar Stevie de "filho da puta" depois que a Wonderlove foi obrigada a cancelar sua apresentação em Houston devido à súbita partida de seu baterista).

Por outro lado, a turnê de Stevie que se deu logo após seu acidente foi um estrondoso sucesso. No dia 25 de setembro de 1973, ele subiu ao palco no Boston Garden e recebeu uma salva de palmas que durou 15 minutos — uma recepção arrebatadora, que não esmoreceu durante todo o show. Não era simplesmente a apresentação que causava tanto entusiasmo, era a presença do cantor. A multidão vem para esse tipo de show em busca de um batismo, da redenção trazida pelo rock'n'roll, mas conseguiu muito mais do que o esperado nesse dia. O triunfante espírito humano, o homem que havia atingido um nível de consciência desconhecido e voltado para a vida estava diante deles, deixou-os de pé e assim eles permaneceram.

E por uma boa razão: tao incrivel quanto a ressurreição de Stevie, era a sua banda. Wonderlove era uma reunião de músicos brancos e negros, uma tempestade domada, uma banda de funk cheia de esteroides do rock'n'roll. Todos esses músicos se esforçaram, com concentração sobrenatural, para emular cada traço dos sintetizadores, para concentrar suas eufóricas vibrações em um só Transformer, do mesmo modo que Stevie fazia tão facilmente em seus discos. Em seu teclado, o artista oscilava a cabeça de um lado para outro, em um ritmo instintivo, parando ocasionalmente diante do microfone para cantar trechos de uma melodia extraordinária, cada sílaba causando um reajuste em seu tronco. Pequenas quantidades de lantejoulas e purpurina voavam por cada centímetro do palco, um equivalente visual do sonoro e solar grupo que ousou abrir o show da maior banda de rock do mundo. Wonderlove provavelmente foi a única banda cuja apresentação na Vila Sésamo (uma simples canção sobre cálculo, nada mais) parecia fruto de uma nave hedonista, com dádivas de um prazer indizível.

Foi durante essa turnê que Stevie começou a apresentar uma versão estendida de "Contusion" junto com a Wonderlove. A banda abria seus shows com esse rolo compressor, um gesto de desafio para sua audiência. Posicionar "Contusion" como a quarta faixa em *Songs* também era algo tão desafiador quanto: uma canção instrumental como essa não seria uma das primeiras coisas que o público esperaria e, além disso, de todo o material do álbum, seria a mais merecedora de ser banida para uma posição de menor destaque no EP "A Something's Extra Bonus".

"Contusion" [Contusão] é a faixa de *Songs* que se relaciona diretamente com o acidente de Stevie, mas o faz somente por meio de seu título, já que se trata de uma canção instrumental alegremente desorientada. Essa antecipada representação da morte no álbum ocorre sem palavras, e é um exemplo da contínua necessidade contemporânea de se afastar do tema. Seria necessário possuir informações externas (de que Stevie tinha sofrido um acidente e teve contusões cerebrais) para conectar, via título, a canção a seu assunto — a canção em si nunca poderia propiciar o contexto apropriado sem as notas de rodapé.

"Contusion" é uma desafortunada imortalização de uma tendência dos anos 1970 que devia ter sido deixada de lado. Músicos de rock, talvez incentivados pela corajosa desenvoltura de Miles Davis em misturar gêneros, assumiram a incumbência de "intelectualizar" o utilitário modelo um-dois-três-quatro--cinco de progressão do blues, que vinha funcionando tão bem desde os dias da Sun Records. De fato, foram membros do grupo de músicos progressivos de Davis no final dos anos 1960, como Chick Corea e John McLaughlin, que iniciaram influentes bandas "fusion" de jazz e rock como Return to Forever e The Mahavishnu Orchestra, respectivamente. Eles dariam origem a variações mais pop e turbulentas como o Rush, ELP e Jeff Beck Band, grupos que subsistiam por meio de chamativos aparatos tecnológicos, desprovidos de humor e/ou humildade.

O fusion e o rock progressivo beberiam fortemente do jazz, por conta de sua musicalidade ultrarrápida e de suas mudanças e modulações. Contudo, diferentes do jazz, eles não tinham o domínio das técnicas de improviso que proporcionavam uma comunicação verdadeira. O esforço se resumia a incêndios calculados e riscos dramatizados, e, no caso particular de "Contusion", constitui o momento em que o álbum desfavoravelmente fica datado: os improvisos melódicos e os "do-do" cantados ao fundo soam como uma versão de "Too High" (de *Innervisions*) regada a ecstasy. Então, enquanto *Songs* pode existir para sempre como um álbum atemporal, ainda assim se origina de um tempo e de um lugar específico, de uma época que criou impossíveis extravagâncias a partir de suas más escolhas.

Durante seus bons momentos, "Contusion" lembra o intelecto dos grupos de Frank Zappa na década de 1970, o tipo de bebop espacial que parecia muito criativo para se originar de uma apresentação de "jazzrock" (o tom da guitarra de Sembello, se fragmentando em um brilhante efeito de coro, é uma cópia exata do de Zappa, bem como seu incansável manuseio dos trastes). A versão ao vivo da canção parece se inspirar, acima de tudo, em "Theme from Shaft", de Hayes; a sonoridade do chimbal de Raymond Pound e o estilo de baixo de Watt fogem de qualquer noção de fusion ainda por vir, e, em vez disso, sugerem estruturas de concreto e cheiro de sexo.

A canção era também, notavelmente, o primeiro lançamento oficial de uma faixa instrumental do cantor desde o final dos anos 1960, sem contar que se tratava de uma das duas canções instrumentais (junto com "Easy Goin' Evening (My Mama's Call)") em *Songs* — o exato tipo de autoindulgência em excesso que Cecil e Margouleff não teriam encorajado. Wonderlove, que também tocou a canção no álbum, tocava versões gigantescas de "Contusion" ao vivo, audaciosas ostentações de agilidade que poderiam durar até trinta minutos.[47] Em seus 3'45'', a versão do álbum é simplesmente uma opção castrada em estúdio, que pode no máximo indicar sua origem de improvisos de jazz.

"Contusion" é castrada em mais de um sentido: como representante da morte em *Songs*, ela falha em sugerir os conceitos mais sombrios que Stevie cultivava na época. O projeto que o cantor planejava produzir antes de dar preferência a *Songs*, *Fulfillingness' Second Finale*, estava se tornando uma visão muito mais sombria. No final de 1974, quando *First Finale* ainda possuía a atenção do público, Stevie começou a oferecer a revistas como *Crawdaddy* e *Melody Maker* vislumbres do que viria a ser *Second Finale* — que provavelmente não estava tão pronto assim quanto ele fazia parecer. A faixa mais comumente citada

---

[47] No London's Rainbow Theater, em janeiro de 1974, Wonderlove gastou a primeira meia hora de seu show somente com "Contusion".

deste álbum arquivado, "The Future", serviu como barômetro para o tom da obra. Sua narrativa poderia lembrar o otimismo ("I say the future's up to you and me" [Digo que o futuro depende de você e de mim]), mas olhava adiante com uma explícita sensação de medo e desconforto ("Don't look at the world like a stranger/ 'Cause you know we are living in danger" [Não olhe para o mundo como um estranho/ Pois você sabe que vivemos em perigo]).

Se fosse um indicativo válido do aspecto que tomaria *Fulfillingness' Second Finale*, "The Future" sugeriria uma conclusão fatalista para a exasperação e o enfado com o mundo que *First Finale* retratava. Outra canção que Stevie queria incluir no disco, "Livin' Off the Love of the Land", era como um porta-voz ainda mais forte para a crítica social feita por "The Future": "Seems the wisdom of man/ Hasn't got much wiser" [Parece que a sabedoria do homem/ Não ficou muito mais sábia] e "Seems to me that fools/ Are even more foolish" [Parece que os tolos/ Estão ainda mais tolos] são apenas duas das transparentes verdades que Stevie dedica à humanidade. Esses indignados e quase devastadores golpes líricos eram típicos do Stevie de 1974, cujo nível de desapontamento com o governo norte-americano, em particular, o levou à ameaça de deixar o país e ir morar na África.

Se *Second Finale* tivesse sido lançado, certamente se trataria da declaração mais corrosiva de Stevie até o momento, assombrada e causada pelas muitas mortes que o artista via seu mundo sofrer na época: morto da cultura, da inocência, da confiança, da responsabilidade social em larga escala. Caso Stevie tivesse permitido que suas emoções inflamadas ditassem sua agenda de divulgação naquele momento, num capricho ele teria caído em uma armadilha ideológica: um suicídio comercial garantido ou, no mínimo, um asfixiante aperto em sua carreira.

Uma canção como "Love's in Need of Love Today" é uma conciliação, tanto em tom quanto em severidade, com uma faixa arquivada como "The Future": ela ainda serve como veículo para atrair a atenção para as crises sociais sem ter que empregar uma linguagem de desilusão polarizada.

"The Future" foi, nas palavras de Stevie, "fantasticamente influenciada" pela ação do Symbionese Liberation Army (SLA) [Exército Simbionês de Libertação], em Los Angeles. O SLA era uma célula terrorista sem causa, mascarada de bando de revolucionários sociais. Suas supostas aspirações de unidade racial e harmonia eram uma fachada ideológica para seus assaltos a bancos e assassinatos. O grupo se tornou conhecido pelo sequestro da herdeira da mídia, Patty Hearst, neta de William Randolph Hearst, e pela aparente síndrome de Estocolmo que se deu em seguida.

Em 1974, o SLA operava fora de Los Angeles quando um assalto malsucedido a uma loja de esportes levou as autoridades até um de seus esconderijos. A maior parte do SLA (incluindo seu fundador, Donald DeFreeze, mas não Hearst) se encontrava em uma casa que foi tomada à força. Na tarde de 17 de maio de 1974, a casa foi cercada e atacada por uma gigantesca força armada, incluindo quatrocentos homens, entre eles oficiais da polícia de Los Angeles, dos bombeiros da cidade, do FBI e da California Highway Patrol. O tiroteio que se seguiu e o subsequente arrombamento da casa foram televisionados ao vivo.

Ver tudo isso se desenrolar ao vivo na televisão foi uma experiência que a audiência norte-americana achou estranha, mas, ainda assim, extremamente hipnotizante. A transmissão do cerco ao SLA não foi somente uma inovação *voyeur*, mas sim uma violação da segurança e da privacidade da sala de estar norte-americana. Presenciar essa violência — realmente presenciá-la, não somente lendo sobre ou vendo uma versão editada no telejornal à noite — era inquietante. Ali se encontrava tensão, paranoia, hostilidade, fanatismo, descrença, a apreensão metódica do radicalismo pela lei, tudo isso acontecendo numa proximidade desconfortável de muitas vidas privadas.

Enquanto "The Future" olhava adiante, através da crise do presente, "Ebony Eyes" se defendia olhando para o passado. Protegida e orgulhosa, sempre de cabeça erguida, "Ebony Eyes" é uma inabalável caminhada pela estrada da memória. Da ingênua rima do início à deliberada instrumentação, a canção é um gatilho para reminiscências e sentimentalismos, um retorno aos velhos tempos. O piano de Stevie parece saído de um *saloon* no Velho Oeste, o baixo de Watt lembra uma tuba do Exército de Salvação e o utilitário saxofone de Jim Horn é guiado pela desleixada tradição de King Curtis.

Trata-se também da música pop mais direta do álbum, composta com simplicidade e gravada rapidamente, isolada como segunda canção no EP "A Something's Extra Bonus". Por ser uma música-padrão sobre uma paixão (o narrador não consegue se livrar da "beleza devastadora" que "não pode ser superada"), "Ebony Eyes" sofre da falta de uma concepção mais altiva, como o resto de *Songs* — ela soa como se tivesse sido escrita dez anos antes e passado pela linha de montagem da Motown. O arranjo da canção, por outro lado, faz justiça ao excesso tecnológico dos anos 1970: como uma intensificação de seu vocal em double-track, Stevie adiciona alguns cantores de apoio (basicamente uma aproximação de grupos musicais como The Miracles ou The Vandellas, porém feita por um só homem) que são filtrados através de um Vocoder.[48] Para completar o ciclo, Stevie

---

[48] O Vocoder é, essencialmente, um sintetizador (usado inicialmente para discurso criptografado) que, para propósitos de produção musical,

se vale dessa magnitude de tecnologia moderna para aludir a experimentos pop do passado — os vocais em Vocoder na seção solo funcionam como guias nas faixas e acabam permanecendo na mixagem final, da mesma maneira que os Beatles decidiram não substituir seus zumbidos no meio de "Lady Madonna" por verdadeiros instrumentos de sopro.[49]

O sax de Horn, contudo, é real e toca asperamente ao comando de Stevie ("Saxofone aqui!", ele sublinha na quebra do instrumental), um realinhamento em tempo moderado do estilo rock'n'roll de Little Richard. Além de Horn (um músico de estúdio extremamente disputado, cujos créditos incluem *Pet Sounds*, dos Beach Boys, e incontáveis álbuns dos anos 1970 de músicos como os Rolling Stones, Todd Rundgren e Nilsson), "Ebony Eyes" contou com a presença da guitarra steel de Peter "Sneaky Pete" Kleinow, que tinha sido membro do Byrds na época de Gram Parsons e do Flying Burrito Brothers, e que já colaborara com Stevie em *Fulfillingness'*. Infelizmente a colaboração de Kleinow se perdeu na mixagem da canção — vez ou outra a ascensão de algum acorde pode ser discernida, mas logo em seguida é sugada pelos barulhentos sintetizadores e por excitadas sílabas expelidas do Vocoder.

Ainda que se trate apenas de uma curiosidade sem maiores consequências, tudo indica que Diana Ross seja a musa inspiradora de "Ebony Eyes". A canção abre, de maneira reveladora, se referindo a seu objeto de desejo como "Miss Beautiful

---

cria o efeito de uma "voz robótica" — pense em "Mr. Roboto", de Styx, ou em "Music", de Madonna.

[49] A outra alusão aos Beatles na canção ocorre com as vozes comemorativas no final, algo que lembra o final festivo em "The Continuing Story of Bungalow Bill".

Supreme". Ainda que seja possível argumentar que Mary Wilson ou Florence Ballard fossem o objeto de sua afeição, Ross é frequentemente citada como a possível candidata, dada a queda que Stevie nutria por ela em sua infância. Essa especulação trivial é o tipo de teoria dispensável que alimenta os tabloides famintos por um romance dentro da Motown — o assunto não trata realmente da música, e sim, tangencialmente, de fofocas. E se, contudo, a canção fosse um tributo a Ballard, que tinha falecido tragicamente em fevereiro de 1976? Ballard tinha sido demitida das Supremes (grupo que ela batizou quando deixou de se chamar The Primettes) em 1967, depois da nomeação de Ross como a suprema entre as Supremes. Ballard e Wilson haviam sido rebaixadas a meras cantoras de apoio, e isso levou a primeira ao abuso de álcool e a um comportamento errático. Sua tentativa de carreira solo acabou sendo marcada, em todos os níveis, pela indiferença, pelos problemas domésticos, por processos jurídicos e pela crescente dependência de comprimidos e de álcool. A vida de Ballard foi interrompida por uma parada cardíaca aos 32 anos, quando ela já tinha se tornado comercialmente invisível e falida. Menos de duas semanas depois, Ross lançaria *Diana Ross*, que foi um dos álbuns mais vendidos naquele ano e emplacou o hit número um das paradas, "Love Hangover".

A tragédia de Ballard é um dos exemplos apontados por aqueles que criticam o tratamento de Gordy/Motown dispensado a seus artistas (e, consequentemente, à família deles). Em vez de encontrar uma maneira de ajudar Ballard e, ao mesmo tempo, reparar o dano causado coletivamente por conta do fim das Supremes enquanto grupo, Gordy insistiu no erro e transformou Ross — que estava longe de ser o melhor talento vocal da Motown, mas que era seu interesse romântico na época — em uma grande estrela, renomeando o grupo para "Diana Ross and the Supremes" após a saída de Ballard.[50] Deixando de lado as questões éticas e de politicagem, o falecimento de Ballard foi uma das muitas tragédias prematuras que recaíram sobre os artistas da Motown: Tammi Terrell (o parceiro de dueto de Gaye) e William "Benny" Benjamin (baterista do Funk Brothers) sofreram de um tumor cerebral e de um derrame, respectivamente; Jamerson e Gaye partiram dolorosamente no início dos anos 1980, o último sendo vítima da fúria assassina do próprio pai. Discutir essa sucessão de mortes não significa inferir que a gravadora estava sob o jugo de uma terrível maldição, afinal de contas a história do rock'n'roll está repleta de partidas precoces — de Buddy Holly e Sam Cooke a Elvis Presley e Gram Parsons — e é provável que outros selos possuam tantas (ou mais) tragédias. Mas a proximidade da morte e de seus multifacetados arautos pairava sobre a gravadora — ou seja, sua presença poderia ser sentida, apontada em exemplos concretos, mesmo que o assunto fosse evitado o máximo possível, devido à resignação da natureza humana. Como um produto dessa atmosfera (e, mais explicitamente, como uma elegia a uma bela Supreme), "Ebony Eyes" pode, se permitirmos, transcender o início de uma paixão e se tornar algo como uma imortalização por meio de uma lembrança positiva: o que "Sir Duke" é para Ellington, "Ebony Eyes" é para Ballard. Nesse sentido, *Songs* pode lidar com a

---

[50] O tratamento preferencial que Gordy dispensou a Ross afetou mais do que as Supremes. Raynoma Gordy Simpson, uma das ex-mulheres de Gordy, afirmou que "[Ballard] foi somente a vítima mais visível. Todas as estrelas femininas se sentiram abandonadas — Gladys Knight, Kim Weston, The Marvelettes, Martha and The Vandellas, todas elas sofreram com a crescente incapacidade de se comunicar com Berry e com o inexorável crescimento de Diana Ross".

morte de maneira própria: olhando para ela de uma perspectiva ainda otimista (senão admitidamente ingênua) e permitindo que o ocorrido se tornasse uma lembrança agradável em vez de uma deliberação existencial.

"Ebony Eyes" é uma fascinante peça para o imaginário da música pop, dada sua frequente presença ao longo dos anos. Os Everly Brothers tiveram grande sucesso em 1961 (nas paradas de country, pop e R&B) com uma "Ebony Eyes" diferente, escrita pelo cultuado e singular John D. Loudermilk. A canção de Loudermilk brinca com o presságio simbolista do título, exibindo uma preferência mais metafórica que a versão de Stevie, que os Everlys transformam em uma versão sentimental com suas harmonias sombrias. No fim das contas, é um melodrama adolescente não intencional que termina com a amada do narrador morrendo em um desastre de avião, no estilo de "Last Kiss", de J. Frank Wilson & The Cavaliers. A narração, sobreposta a vozes de apoio propositadamente angelicais, não ajuda a melhorar o clima, mas certamente é um artifício legítimo no contexto da canção.

Talvez ainda mais cafona (se estivermos tratando puramente do arranjo e ignorando o valor da canção) seja o dueto de Rick James e Smokey Robinson na "Ebony Eyes" (1983) composta por James — recebida na época como uma balada tocante e improvável feita por um esquisitão do funk, mas inequivocadamente datada duas décadas depois. A canção de James é muito mais libidinosa que a de Stevie (o que não chega a ser uma surpresa, dado que, virtualmente, qualquer contemporâneo de Stevie no R&B era mais libidinoso que ele), muito menos ciente de qualquer possível significado em seu título além das preocupações superficiais com sua coloração.

Ainda que tenha raízes muito importantes no spiritual e na música gospel, o R&B contemporâneo (ao menos o frequentador das paradas de sucesso) manteve a distância de um conteúdo claramente religioso. Aretha Franklin pode ter transportado alguns aspectos para o meio de sua música soul, mas a associação era meramente estilística, não estava presente nas letras. O R&B antigo, como as incendiárias canções de Little Richard para a Specialty Records, abandonou completamente as nuances do gospel em nome de um rock'n'roll rebelde e envolvido com as eternas questões da "carne". Quando o rock e o soul ocasionalmente encontraram Deus, como em *Slow Train Coming* (1979), de Bob Dylan, ou durante o renascimento espiritual de Al Green no final dos anos 1970, foi uma impressionante (e, por fim, destruidora) descoberta. O público reagiu com uma esperada resistência, lentamente se afastando, como se da tradicional música de repente brotassem duas cabeças. "God Only Knows" (1966), dos Beach Boys, é uma das raras apostas em canções sobre fé que valeram a pena a longo prazo. Além dela, "Jesus Is Waiting" (1973) fecha com um gospel o álbum de Al Green sem qualquer remorso e, de modo parecido, o single de George Harrison, bastante inspirado no The Chiffons, "My Sweet Lord" é um exemplo singular de uma canção pop com tema cristão que foi aceita a ponto de chegar em primeiro lugar nas paradas. A luta entre a aceitação e a recusa espiritual persistiu no século seguinte, como Kayne West deixou claro em seu single de 2004, "Jesus Walks": "They said you can rap anything except for Jesus/ That means guns, sex, lies, videotape/ But if I talk about God my record won't get played?" [Eles dizem que você pode fazer rap sobre qualquer coisa, menos sobre Jesus/

Isso quer dizer sobre armas, sexo, mentiras e videotape/ Mas se eu falar sobre Deus meu disco não vai tocar?]. A ironia talvez esteja no fato de que West *falou* sobre Deus e seu disco foi bastante *tocado*.

Foi um ato corajoso posicionar "Have a Talk with God" como a segunda canção em *Songs*. Sua presença logo no início quebra imediatamente a regra tácita de não misturar Igreja e pop. A última coisa que o público de rock (seja ele decadente ou progressivo) quer ouvir é sobre a promessa de salvação — o rock'n'roll era a própria salvação, afinal toda a propaganda de ser temente a Deus fazia parte da linguagem de seus pais. Todavia, é essa ousada sequência que faz com que "Have a Talk with God" se torne uma mensagem aceitável, já que a música que a precede, "Love's in Need of Love Today", se dá em um mundo em desengano.

Stevie, certamente devedor da música gospel, nunca teve vergonha de suas crenças religiosas — "tenho uma ótima relação com Deus", disse ele certa vez. "[Ele] foi como um pai que não pude tocar nem conhecer, mas que, mesmo assim, sempre senti perto de mim, como se me tivesse em seus braços." Ele começou incluindo uma canção explicitamente espiritual em cada um de seus álbuns: primeiro "Jesus Children of America", em *Innervisions*, e, em seguida, "Heaven Is 10 Zillion Light Years Away", em *Fulfillingness'* (esta última também figura como a segunda faixa do respectivo álbum). A primeira canção usa seu conteúdo religioso para questionar o fundamentalismo, já a segunda mantém sua convicção religiosa por meio do escrutínio lógico. Outra faixa de *Fulfillingness'*, "Please Don't Go", se ampara naquele tipo de arranjo de coro de igreja que, sem dúvida, diz respeito ao público frequentador das manhãs de domingo. "Have a Talk with God" foi a canção mais abertamente espiritual que Stevie já havia lançado, mais até do que os tons sacros que se espalhavam pela estrutura de *Fulfillingness'*. Ela foi escrita como uma canção de blues direta (a progressão de acordes pode não ser *exatamente* um-quatro-cinco, mas está perto disso), o que a deixa amarrada a uma noção voltada para o gospel. O tema fundamental da canção — que Deus, desconhecido para uma parcela heterogênea do público, possui a solução para todos os problemas mortais — oferece uma saída para o dilema introduzido em "Love's in Need of Love Today".

Ao mesmo tempo (e de maneira surpreendente até, dada sua exaltação da fé), "Have a Talk with God" é uma das canções mais obscuras de *Songs*. Seu esforço para firmar um compromisso com a fé vem em resposta a tendências suicidas. A canção fala diretamente àqueles que acham que "a vida não tem saída" e cujo "fardo é muito pesado para se carregar". O modo como Stevie canta nessa faixa é calmo e paciente, sua melodia é reconfortante e segura: esse é exatamente o tipo de bálsamo pela qual a música soul é conhecida, independentemente de sua afiliação religiosa. O tipo de conselho que oferece (bastante similar ao de um psiquiatra, ao qual a canção faz referência) pode parecer batido, mas Stevie faz com que soe extremamente arrebatador:

Many of us feel we walk alone without a friend
Never communicating with the One who lives within
Forgetting all about the One who never ever lets you down
And you can talk to him anytime, He's always around

A canção em si é incandescente. Sua assombrosa gaita em double-track surge febrilmente acima da mixagem de sintetizadores que borbulham lentamente, com uma química prestes a gerar uma reação imprevista. Do mesmo modo que as gaitas em "Big Brother", de *Talking Book*, as dessa faixa possuem certa ânsia, falam às almas perdidas e problemáticas, lamentando em tons que alternam entre implorador e piedoso. O recorrente uso dos pratos e o som do carrilhão reforçam a atmosfera lúgubre, e o coro uma oitava maior que se junta ao refrão só torna as coisas ainda mais assustadoras.

Stevie identifica possíveis soluções para os problemas daqueles que culpam o mundo por suas aflições pessoais, mas essas soluções nem sempre são alcançadas por meio da lógica. Talvez as apostas para esse tipo de mensagem motivacional tenham aumentado muito com o crescimento da paranoia da época. Uma declaração como "Reach Out I'll Be There" (1966), do The Four Tops, sobre companheirismo e camaradagem para combater o mal da solidão simplesmente já não seria eficaz. O que é interessante sobre essa canção é como ela fala sobre progresso em sua letra, mas enfraquece esse otimismo por meio de seu subtexto musical — quase literalmente o reverso do artifício usado em "Village Ghetto Land".

Já "If It's Magic" equilibra sua música suave e sua letra de dura resignação. Sua superfície é um maravilhoso exemplo de conforto, uma bela balada com o acompanhamento de — entre outros instrumentos — uma harpa. As notas arrancadas da harpa são uma evocação do tradicionalismo e da fantasia, além de fazer referência a "She's Leaving Home", dos Beatles, que também se inicia com uma harpa.[51] De fato, "If It's Magic" é uma canção que delicadamente invoca o declínio e a impermanência a partir de um ponto de vista esperançoso, mas realista: até

---

[51] Coincidentemente, a ex-mulher de Wonder, Syreeta Wright, gravou uma versão de "She's Leaving Home" em seu disco de estreia, *Syreeta* (1972), que Wonder produziu.

mesmo o som de algo tão imaculado e perfeito como uma harpa está destinado à desintegração. Do mesmo modo, prender-se ao inefável sentimento proporcionado pelo amor (o "it" do título) é um êxtase temporário, para grande decepção do narrador.

Atribuir "mágica" a sentimentos que, de outra maneira, não conseguimos explicar é um modo de colocá-los em um contexto acessível, ou seja, "inexplicável" é igual a "irracional", o que é uma solução de lógica circular, uma desculpa para não mais investigar o insondável. "If it's magic/ Then why can't it be everlasting?" [Se isso é mágica, por que não pode durar para sempre?], Stevie se pergunta com sua voz lúgubre, aplicando a lógica onde ela não seria bem-vinda. Esse também é um desvio na racionalidade, uma aproximação a como processamos algo tão misterioso como a morte. Pois apesar de seu arranjo radiante, quase devoto, "If It's Magic" é uma reflexão sobre o incompreensível término da vida e sobre o desejo humano de prorrogá-la ou eliminá-la. O papel crucial que "If It's Magic" desempenha na sequência de faixas de *Songs* é o de preparar o cenário: ela é a calma que precede os mais de 15 minutos de uma tempestade de transcendência emanada por "As" e "Another Star", que, por meio do contraste entre extensão e instrumentalização, torna o "finale" do lado quatro ainda mais profundo.

A visão de Stevie sobre o paralelo entre amor e mágica — representada pela harpa de Dorothy Ashby — é bastante luminosa, e a canção é, indiscutivelmente, sua composição mais tranquila e com o arranjo mais simples. A harpa é um instrumento raramente escutado na música pop (ou em qualquer outra música fora do cenário clássico, com importantes exceções como os discos de jazz de Alice Coltrane na década de 1970 e os discos da própria Ashby, que gravou álbuns de bebop na harpa nos anos 1950 e 1960). O instrumento possui uma associação cartunesca com a vida após a morte: é o escolhido pelos anjos em quase toda interpretação artística do paraíso, de jornais de igreja a desenhos dos Looney Tunes. Ouvir a harpa no disco ativa essa conexão celestial subconsciente e, com isso, nos diz o que a letra de "If It's Magic" não consegue: que o amor e a vida um dia serão louvados pelas cordas do grande paraíso acima de nós.

V. Transcendência

> My life closed twice before its close —
> It yet remains to see
> If Immortality unveil
> A third event to me
> So huge, so hopeless to conceive
> As these that twice befell.
> Parting is all we know of heaven,
> And all we need of hell.
> — EMILY DICKINSON, "MY LIFE CLOSED TWICE BEFORE ITS CLOSE"

O fato de a capa de *Songs* lembrar um disco é apenas uma coincidência. A série de círculos, ainda que descentralizados, trai seu intuito principal de embalagem e acaba por revelar seu conteúdo com a precisão de um raio X; ainda assim, trata-se somente da capa de um álbum. Seu poder hipnótico fala a uma parte do cérebro menos preocupada com a lógica e aspectos práticos e mais voltada para a profundidade — um recanto primitivo do subconsciente.

Deixe seus olhos repousarem sobre ela e, a partir do transe desse vórtice ilustrado, eles criarão buracos negros, tocas de coelho, buracos de vermes; dobras no tempo, armadilhas do tempo, viagens no tempo; redemoinhos descendentes e aspirais ascendentes. A capa descreve a eternidade em um piscar de olhos, as bordas de cada círculo queimando em uma coloração laranja, cada cicatriz servindo como lembrete de um traçado maior. É um túnel para o infinito, para algum tipo de consciência adormecida — um mapa para um patamar superior, quem sabe.

Em seu centro encontra-se um Stevie Wonder desenhado a lápis, seu rosto distante ainda intocado pelas cores invasoras, um brilho — que emana de seus óculos de sol — congelado no tempo.

No encarte do LP a arte é diferente: o rosto de Stevie é removido do espaço em preto e branco e reproduzido seis vezes, cada cópia ficando maior e mais próxima, um eco reverberando na forma de um rosto inacabado, como uma expedição aos limites da vastidão. Talvez ela não represente com exatidão o que seria olhar o infinito diretamente, mas com certeza se aproxima disso.

Songs foi o terceiro álbum consecutivo de Stevie a ter uma ilustração ocre em seu encarte. Todas as três capas retrataram o rosto do artista envolto em um imaginário abstrato: a ilustração que Efram Wolff fez para *Innervisions* retratava o olho de Stevie irradiando algo sobre um terreno acidentado (como Tirésias?); a colagem que Bob Gleason realizou para *Fulfillingness'* retratava representações assimétricas do pequeno Stevie, de John F. Kennedy, Martin Luther King Jr. e de um Stevie de bigode, a luz refletida no negrume de seus óculos escuros; o mesmo brilho (o reflexo do flash de uma câmera, talvez) que se funde ao branco do centro da capa de *Songs*. O rosto de Stevie sempre aparecia nas capas de seus álbuns, geralmente em uma foto, até que *Innervisions* tornou as coisas mais impressionistas.

Ainda assim, na capa de *Songs*, o maior disco de sua vida, o rosto de Stevie está menor do que nunca — como um pequeno grão de areia no fantástico desenho do Universo. O rosto (que afinal é algo muito importante no marketing da indústria da música) existe apenas para ser tragado pelo cenário; os redemoinhos de cor que envolvem seu esboço primitivo estão preparados para fazê-lo desaparecer num piscar de olhos. Há uma parcela considerável do álbum que aspira, em solidariedade, se habituar ao desbotado vazio da eternidade, a se tornar um dos muitos ecos que ressoam em lugares tão distantes que não podemos compreender racionalmente. Talvez a arte da capa codifique visualmente essa riqueza incontável em seu design, ou talvez sugira, como metalinguagem, que apesar de o álbum tratar da vida, a vida em si mesma é ainda maior do que ele. O superastro se comprometeu com o conceito, uma proporção adequada que uma capa como *Music of My Mind* (close no rosto, foto saturada) ignorou completamente.

Pode a transcendência social existir dentro do nosso sistema solar, em uma utopia espiritual? Essa é a questão proposta por "Saturn", a primeira faixa do EP "A Something's Extra Bonus". Coescrita com Sembello, "Saturn" ostenta a narrativa mais bizarra do álbum. Ela é contada através da perspectiva de um nativo de Saturno, que decidiu deixar nosso planeta e retornar ao seu. "Não faz sentido sentar e assistir a pessoas morrerem", raciocina, e conclui que "o seu mundo está próximo de chegar ao fim". Em Saturno, somos informados, "as pessoas vivem até os 205 anos" e "não precisam de carros, pois aprendemos a voar". Caso possamos esquecer as armadilhas fantásticas da ficção científica, a canção parece mapear a ascensão a uma utopia espiritual além do reino físico de dor e medo. O mítico local de fuga (e, ao mesmo tempo, o planeta distante, Saturno) é retratado como um santuário livre de poluição e guerra.

Incrustada em uma fanfarra de sintetizadores, "Saturn" soa um pouco mecânica. Os tons usados nos sintetizadores são mais rígidos e sem vida do que os que Stevie costuma preferir, brilhando nas dimensões bem-delineadas do gélido arranjo. O timbre coletivo é tão sintético que rouba os holofotes para si mesmo — isso é obviamente uma camada de máquinas tentando criar algo emocionalmente afetivo, uma aproximação da grandiosidade orquestral em vez da realidade. A peculiaridade intocada que paira sobre a faixa sugere que todo o conceito de um retiro utópico (conceito sobre o qual o investimento emocional da canção se constrói) é nada mais do que uma invenção. Trata-se de uma sugestão muito diferente do restante dos momentos otimistas do álbum, caso escolhamos interpretá-la como uma faixa subversiva de dissidência idílica. Poderia haver, entrincheirada nos momentos mais desobrigados, uma incômoda sensação de futilidade, algo detectável somente nesse tipo de código?

É provável que sim. As descrições do ambiente físico desse mundo ("neve laranja"?) e a qualidade de vida nele (a expectativa de vida e, bem, carros voadores) oscilam de uma invenção simples até o maior dos absurdos. Está mais do que claro que esse tipo de profecia está contaminado por generosas porções de sarcasmo, e até mesmo o bombástico arranjo da canção serve como um complemento. "Saturn" remonta a "Visions", faixa de *Innervisions*, e a revisa: um ambiente manifestado graficamente atualiza a abstrata "visão de nossa mente" por meio de uma premissa de ficção científica mais descritiva. Em um artigo para o *New York Times*, Jack Slate chamou "Visions" de uma "elegia para uma terra incapaz de alcançar qualquer um de seus ideais, paz, tolerância, generosidade de espírito e até mesmo a noção de uma humanidade em comum". Com essa informação em mente, "Saturn" pode facilmente ser encarada como uma extensão caricatural daquela expressão de futilidade — uma elegia envolta em fanatismo, como uma alegoria de Ray Bradbury.

Quando Stevie inicialmente começou a trabalhar na canção, o local de destino seria Saginaw, o lugar onde nascera, não Saturno. A intenção era que fosse uma faixa de conforto e refúgio, uma ode à cidade natal ao estilo "Goin' Back to Indiana", dos Jackson 5, ou uma redescoberta da inocência como "Goin' Back", de Gerry Goffin e Carole King. Ao ouvir uma fita-demo da canção, Sembello confundiu "Saginaw" com "Saturn" e, como alguém propenso a um tipo de simbolismo espiritual, sugeriu a mudança. Sembello descreveu Saturno como uma "Shangri-lá", uma espécie de retiro espiritual inatingível por nossas limitações físicas. A julgar pelos comentários de Sembello, fica claro que ele nem sequer cogitou as implicações satíricas da canção que ajudou a escrever. A redenção dessa faixa vem justamente de seu subtexto irônico, subtexto tão profundo quo, om dofcsa de Sembello, seria fácil não ser percebido. "Saturn" talvez seja apenas um exemplo camuflado da disponibilidade da música pop, ou — tenham paciência comigo aqui — uma descartável subversão da ridícula luta do pop para atingir a eternidade.

Há uma prova, porém, de que a música pop não é descartável: o refrão. O refrão é o vínculo da música pop com a imortalidade, seu elemento mais desejado e alcançável, o repetidor. Se o refrão de uma canção pop constitui, digamos, um terço da duração de uma canção normal, então seu efeito de ressonância eterna é adquirido por meios pavlovianos. Sua característica contagiosa é vislumbrada três, quatro, no máximo cinco vezes e então desaparece — dissipada no recolher de um fade-out ou subitamente negada por meio de uma premeditada supressão do som. Com alguma sorte, o refrão se infiltrará no subconsciente de alguém de maneira tão profunda que iniciará um desejo de repetição. A única maneira de alimentar esse apetite, e de costurar o refrão no tecido do tempo, é repeti-lo diversas vezes até que esteja comprometido com a eternidade.

O refrão reina em *Songs*. Ele fascina em "Sir Duke", desconcerta em "I Wish", dá elasticidade a mantras em "Love's in Need of Love Today", resiste ao cansaço em "As", perfura a consciência em "Another Star", idolatra de maneira masoquista em "Joy Inside My Tears". A maior parte dos refrãos do álbum (com exceção das poucas ocorrências de condensações amigáveis como em "Sir Duke", "I Wish" e "Isn't She Lovely") ignora a necessidade de um reexame imediato, pois eles mesmos estão numa obsessiva perseguição por essas sensações transcendentes, todos quase alcançando aquele lendário patamar superior.

Talvez nenhuma canção exemplifique melhor essa ideia do que "As", a penúltima faixa da segunda metade de *Songs*. A essa altura, o despertar espiritual do Stevie pós-acidente de carro estava à procura da promessa de "Higher Ground" e procurava alcançar essa proverbial ascensão por meio de uma canção. "Eu gostaria de acreditar em reencarnação", ele diria depois.

"Gostaria de acreditar que existe outra vida. Acho que às vezes a consciência pode voltar a este planeta uma segunda vez." "Higher Ground" era um modelo teórico para um nível superior, um outro plano de consciência, elevando "I Want to Take You Higher" (1969), de Sly & The Family Stone, para um plano abstrato por meio de um encontro com a morte.

"As" possui um alcance maior, é mais apegada a infinitos e eternidades, com a certeza de Stevie de que não importa em que ponto do contínuo espaço-tempo ocorra o chamado, ele estará lá quando for preciso.[52] Em sua primeira camada, "As" é uma canção de amor que expressa sua dedicação ao ilógico. "I'll be loving you always" [Eu a amarei sempre], insiste Stevie, repetidamente, do mesmo modo que inúmeras canções, poemas e promessas feitas sob as estrelas ao longo dos tempos; "sempre", contudo, persiste além da vida, além do "até que a morte nos separe". Essa é a oferta de um laço eterno, válido "até que os porcos criem asas", "até que dois mais dois sejam cinco", "até que o dia seja noite e a noite seja dia".

Usar exemplos impossíveis nas promessas de devoção é uma das táticas mais confiáveis da música pop; o "modelo" do single na música pop acaba por conduzir as canções a essas abstrações tão fantásticas e irracionais. Os Beatles, por exemplo, juraram professar seu amor "oito dias por semana" ["Eight Days a Week"] (1964); Barbara Lewis, em "Baby I'm Yours" (1966), ofereceu sua devoção "até que as estrelas caiam do céu"; Gaye e Terrell ousaram rimar amor com imortalidade em "Ain't No Mountain High Enough" (1967); e até mesmo "I've Got You

---

[52] Semelhante promessa de devoção eterna fora feita quatro anos antes, na canção "I Believe (When I Fall in Love It Will Be Forever)", de *Talking Book*.

Under My Skin", de Cole Porter, explica os enredamentos amorosos em termos ilógicos. Smokey Robinson, que praticamente escreveu o manual de como compor canções da Motown, lançou sua versão da eternidade-em-uma-música junto com as Miracles na faixa "More Love", em 1967. A canção talvez seja o parente mais próximo de "As" na explícita linhagem da Motown, ou, ao menos, um molde menos complexo dessa última. Robinson promete "more love, more joy/ Than age or time could ever destroy" [mais amor, mais alegria/ Do que a idade ou o tempo podem destruir] dividindo um eco tipicamente cavernoso do arranjo da Motown com um pandeiro, acrescentando que: "My love will be so sound/ It'll take 100 lifetimes to live it down, wear it down, tear it down" [Meu amor será tão sólido/ Que serão necessárias cem vidas para vivê-lo, desgastá-lo e despedaçá-lo].

"More Love" faz sua declaração, sua promessa de amor eterno, e nosso papel, como ouvintes, é acreditar em suas palavras. Robinson, com a melosa seção de cordas em seu encalço, ascende junto com a melodia em cada declaração reiterada de "desgastá-lo, despedaçá-lo", mas ele luta nos limites de uma canção pop de três minutos de duração (2'50", para ser exato). Replicar, de alguma maneira, a existência de um vínculo imortal dentro dos preceitos comerciais estabelecidos para as paradas de sucesso é uma missão impossível: a paixão é facilmente alcançável, mas a transcendência requer teimosia. "As" é capaz de superar essas restrições impostas pois, em grande parte, foi concebida fora da era do single. Ela faz com que todas as demais canções, orgulhosas e ilógicas, soem como promessas de amor baratas. Elas podem prometer uma noite a ser lembrada, mas "As" promete amor para a vida toda. As outras podem prometer a Lua, mas "As" promete o Universo — em seus sete minutos especialmente ardentes. É um exemplo extremo de uma "canção de promessa" historicamente robusta, tanto na extensão quanto em sua letra. Em outras palavras, Stevie concede a si mesmo mais tempo e, consequentemente, mais espaço para comparações, onde promove seu argumento. Ele confronta e desafia a razão das ciências — fenologia, matemática, biologia, química, cosmologia — em gestos tão grandiosos que o mundo tangível se torna uma obstrução no caminho da disseminação do amor através do incalculável reino do infinito.

Independentemente de sua extensão e de seu alcance cósmico, essas promessas feitas pela música pop não são exatamente imitações esforçadas da vida. Em outras palavras, é improvável que os cantores façam todas as coisas incríveis que prometem fazer na vida real. Isso significa que a música pop é falsa e enganosa? De forma alguma, as canções são o que são, representações exageradas do que realmente queremos ouvir — que somos amados e idolatrados por conhecidos e por estranhos. Dependemos da música pop para nos dizer esse tipo de coisa, para alimentar nossas inseguranças com essa sensação. Um dos acordos tácitos que nós, enquanto ouvintes, firmamos com a música pop é que aceitaremos suas promessas enquanto continuarem sendo prometidas, não importa quão fantásticas elas sejam.

E, apesar de suas promessas fantásticas, "As" é alimentada pela lógica da possibilidade. Ela sugere um aspecto da física quântica, a crença de que uma matéria sólida pode, de fato, ser quebrada por meio de persistência e paciência. Cada vez que o refrão é repetido, vem a oportunidade de ele coincidir com a absorção de alguma consciência. Seu refrão, um esquema de pergunta e resposta entre Stevie e seu "coral" (na realidade, múltiplas faixas sobrepostas do cantor e da cantora Mary Lee Whitney), baseado na tradição gospel, é brevemente delineado no início da canção, entre 0'48'' e 1'07'' — menos de vinte segundos, mas o suficiente para instaurar um clima de pergunta e resposta. Ele reinicia aos 2'01'' e, com pequenas exceções — como uma pausa do instrumental e uma apaixonada "pregação" de Stevie (ambas contidas na estrutura de acordes do refrão) —, dura até o fim da canção, em 7'08''.

No fim das contas, "As" é um microcosmo da explosão sem paralelos de Stevie: uma enorme conquista e um enorme entusiasmo. Ela fala por si só ao representar seus arredores em um curto período de tempo, é como um resumo de toda a criação de *Songs*, transbordando com um sentimento de generosidade compartilhada. Em canções tão liricamente ambiciosas e/ou densas como essa, os engenheiros tinham que recitar a letra nos fones de ouvido de Stevie enquanto ele gravava seus vocais.

A seção rítmica de "As" consiste de Watts no baixo e Greg Brown na bateria, mas talvez a participação mais impressionante seja a do tecladista Herbie Hancock. Hancok, que fez parte do segundo quinteto "clássico" de Miles Davis, entre 1963 e 1968, tornou-se um dos maiores nomes do jazz nos anos 1970: seu álbum de 1973, *Head Hunters*, que devia tanto ao funk e ao soul quanto ao jazz, quebrou os recordes de venda de LPs de seu estilo no lançamento. O músico apareceu em alguns poucos discos de música pop anteriores a *Songs*, em meados dos anos 1970, e entre suas participações estão *That's a Plenty* (1974) e *Steppin'* (1975), das Pointer Sisters, e *Love Me By Name* (1975), de Lesley Gore. Hancock tinha um espírito similar ao de Stevie, tanto em sua inclinação a cruzar a linha entre os gêneros quanto em seu domínio de determinado campo musical. Ele trouxe consigo um enorme talento e um ouvido decisivo para a fusion.

O piano Rhodes de Hancock complementa o vocal de Stevie Wonder, conversando nos intervalos entre os versos e aumentando o efeito dos mesmos. Sua presença surge em meio a uma complexa mistura: Hancock está longe de ser a figura dominante, já que a mixagem da canção se recusa a destacá-lo. Seu teclado é simplesmente outra peça na enorme engrenagem da canção. Pequenos lampejos de improviso surgem durante vários momentos, como súbitos flashes de uma câmera que constantemente muda seu ângulo — no restante do tempo, as contribuições de Hancock se perdem na massa sonora. Quando alguém se torna um músico de apoio para uma celebridade com maior influência cultural, o espaço que resta sob os holofotes é pequeno.

Além disso, a curta participação de Hancock, minimizada como está na apresentação geral do disco, reflete apenas sua época. Do mesmo modo que Eric Clapton foi um convidado "secreto" em "While My Guitar Gently Weeps", dos Beatles, a presença sutil de Hancock trabalha para o bem da canção, não para atiçar o fogo do *hype* (fica claro que nem Stevie nem os Beatles precisavam da ajuda de um recurso como esse nesse momento de suas carreiras). Já o dueto de Stevie com Paul McCartney em 1982, na canção "Ebony and Ivory", foi um outro tipo de colaboração "lendária", já que se tornou mais importante pelo evento em si do que pelo material criado. E em plena conformidade com a polinização cruzada de artistas, fruto da prática da época, o álbum de 2005 de Stevie, *A Time to Love*, foi contaminado pelo "efeito Santana" — por assim dizer —, ostentando um exagerado número de convidados como McCartney, Prince, India.Arie, En Vogue, Bonnie Raitt, Kirk Franklin e Doug E. Fresh.

A participação de Hancock em *Songs* é um indicativo da lista de grandes talentos — e de posturas discretas — que Stevie procurava incluir em suas gravações na época. Seu desejo de guiar uma consistente banda de estúdio era outra maneira pela qual poderia se distanciar dos mandatários Funk Brothers, algo que fazia parte do estilo de produção da Motown há tanto tempo. Grandes convidados apareceram nos discos pouquíssimas vezes durante a primeira metade dos anos 1970. Na verdade, o solo de guitarra de Jeff Beck em "Lookin' for Another Pure Love", de *Talking Book*, foi o único até *Fulfillingness'* receber uma fartura de aparições, incluindo Paul Anka, The Jackson 5, The Persuasions e o incomparável baixista da Motown, James Jamerson. Hancock e o guitarrista George Benson são os dois únicos grandes nomes fora do círculo de conhecidos da Wonderlove a participarem de *Songs*, e, ainda assim, eles eram nomes vindos do mundo do jazz.

A música de Stevie não cobiçava o nosso mundo. Os momentos finais do segundo LP de *Songs* se prepara para um lançamento no espaço interestelar: o ataque do amor cósmico de "As" mal tem tempo de se dissipar antes que "Another Star" surja e eleve tudo a outro patamar. É fácil ter a impressão de que "Another Star" é uma continuação de "As", pois ambas as canções possuem um andamento similar e um número de sílabas parecido em seus refrãos. As semelhanças não param por aí: ambas dependem muito de seus exaustivos refrãos, de seus inúmeros instrumentistas e de uma aparentemente interminável sustentação de ritmo (com seus 8'30'', "Another Star" é praticamente noventa segundos maior que a canção anterior). Seus acordes abraçam generosamente contrapontos extravagantes e efervescentes. Seus instrumentos de sopro, como exaltações da música disco, se refletem através de uma série de espelhos. "Another Star" quase explode suas próprias amarras por dentro.

Essas amarras ou costuras, por assim dizer, são uma rigorosa colcha de retalhos do jazz latino — uma fusão salpicada, estilisticamente andrógina, tendo em vista que simplesmente se trata de um incansável padrão cíclico. Da massa de percussão — congas, timbales, tambores — a uma pungente sessão de metais, ardendo como um firme tapa na cara, todos conspiram para um êxtase palpitante, como se a Wall of Sound de Phil Spector abrisse uma boate em Miami. Até mesmo a guitarra de George Benson se perde em meio à orgiástica comoção, aparecendo discretamente, de vez em quando, sobre a densa mixagem. Enquanto tremores guturais sinalizam o fim de cada refrão — uma mistura de um rufar de tambores com um trovão, o cambalear do baixo elétrico e acordes de piano que retalhavam a si mesmos — uma abertura de consciência parece iminente. "Another Star", então, parte para o tudo ou nada empregando uma banda de dez membros para reunir toda a energia dispersa pelo álbum e concentrá-la em uma só fonte final.

A ascensão baseada no tema de um amor outrora feliz é outra história. O narrador reconhece a premeditada partida de seu amor ("for you there may be a brighter star" [pode ser que para você haja uma estrela mais brilhante]), mas ainda assim continua a prometer a eternidade vista em "As" ("through my eyes the light of you is all I see" [através de meus olhos, tudo o que vejo é a tua luz]) — e apesar de esse amor ter magoado o coração do narrador, o sentimento de rejeição é suportado de maneira corajosa. Não existe anseio, como em "Pastime Paradise", nem arrependimento por ter sido enganado, como em "All Day Sucker", nem mesmo a suposição que o que ocorreu entre os dois não é nada mais que uma dor qualquer (como em "Ordinary Pain"):

> So long ago my heart without demanding
> Informed me that no other love could do
> But listen did I not though understanding
> fell in love with one who would break my heart in two

O que separa "Another Star" das inúmeras canções que a precedem — canções impregnadas das tristezas e alegrias do amadurecimento — é o seu temperamento. Conforme a música serpenteia ao seu redor, o narrador relata com tranquilidade a história de seu coração partido sem qualquer motivação egocêntrica. Afinal, em última instância, a canção não é apenas sobre ele ou os erros com que teve de lidar, e sim sobre como simplesmente abandonar os tormentos da existência: devemos vivê-los, mas também conseguir deixá-los para trás e seguir adiante.

A canção trata de transcendência: "Another Star" faz a escalada nessa direção de minuto a minuto, lutando com cornetas agudas e um ritmo dançante até que alcança um lento fade-out — de mais de um minuto —, que serve para representar uma passagem maior, que se afasta e se afasta e se agarra nos decibéis que evanescem. No entanto, isso não é o fim, e sim uma transição de uma consciência para outra, para outra estrela, e nessa passagem ela nos escapa, levando com ela seus *la la la la la las* e a flauta de Bobbi Humphrey, que afasta qualquer charlatanice espiritual, como uma mão que abana uma mosca. E você sabe que, se puder estar do outro lado de onde quer que essa música esteja tocando, se puder ficar contra o outro lado da parede, ouvirá esse lento esmorecer, um efeito espelhado, liberando toda a energia que foi absorvida. E então você será tomado pelos incessantes *la la la la la las* — cantos que, francamente, já deviam ter sido despedaçados pela força do instrumental — e se elevará ainda mais, para onde o amanhecer é somente um fragmento de um indiscernível esquecimento. Se elevará até uma consciência que só poderia ser atingida por essa música implacável, essa abstração do pop que sobrevoa as brasas do gospel, uma verdade que engendra outra, um espasmo de quadris e uma extrema fisicalidade, um realinhamento de identidade, uma cabeleira ao vento, tão provocadora quanto o vento que a provoca.

Isso é exatamente o que Stevie vem fazendo durante a década inteira: apostando tudo, criando uma enorme quantidade de música, como se toda ideia fosse uma ferida aberta, como se a paciência fosse um luxo impossível, como se houvesse uma fera em seu encalço. Ao fazê-lo, ele transcendeu a construção típica dos discos de música pop, levando sua produtividade ímpar aos limites da sanidade. E então tudo se dissolve, a volúvel competência evaporando nas asas famintas do inconsciente coletivo. As ideias, o incontestável domínio artístico, bem como o das paradas, tudo acabado, soprado em pedaços infinitesimais, alimento para o éter, como o persistente fade-out de "Another Star".

Naquele ensolarado dia de setembro em North Brookfield, ninguém sabia que o disco que ecoava pelos muitos acres da fazenda acabaria servindo como o último desejo e como testamento de uma explosão criativa que eles nunca tinham visto e provavelmente nunca mais veriam. Stevie, aproveitando seu papel de caubói por um dia, falava aos repórteres em um quarto no primeiro andar da casa da fazenda, mas descobria que era incapaz de descrever com precisão o que a multidão vinha escutando. Ele tinha criado aquilo, alcançado o objetivo que tinha proposto a si mesmo dois anos antes — ainda assim, era melhor deixar as explicações e análises por conta da imaginação dos repórteres. Além disso, como ele poderia explicar o que o assaltou como um raio e percorreu suas sinapses, aquilo que escapou dele com a mesma rapidez com que tinha chegado? Como a moça do jornal, com seu resistente microfone e olhar levemente inquisitivo, poderia entender algo tão inexplicável?

Todos sabiam o que *Songs in the Key of Life* significava naquela tarde e o que significaria em cada sucessiva audição, nos diferentes momentos ao longo de suas vidas incongruentes, nas salas e cozinhas e bares, nos sons estéreo de carros alugados e iPods, em dias que pareciam carregados de bondade e em dias que libertavam os segredos oprimidos de um mundo medonho. Depois de voltarem para suas cidades e subúrbios, e envelhecerem, eles retornariam a *Songs* em suas vitrolas ou aparelhos de som e se lembrariam do dia em que ouviram o disco pela primeira vez, de sua comilança durante o almoço e da desesperada busca por baseados que faziam a ronda de mão em mão, e então retornariam ao tempo presente, para qualquer alegria ou dor em que se encontrassem, original ou redundante, e se lembrariam de que existe algo mais maravilhosamente avassalador do que sua mais aguçada sensibilidade poderia prever.

Bibliografia

"A Day in the Key of Life". Filme promocional, 1976.

BLACK, Johnny. "Mary Wilson on The Supremes", *Mojo*, abril de 1997.

Blues & Soul, 23 de outubro-5 de novembro de 1979.

CARRENO, Richard D. "$30,000 Day of Rare Decadence in N. Brookfield", *Worcester Telegram & Gazette*, 12 de setembro de 1976.

CHRISTGAU, Robert. "Stevie Wonder Is a Masterpiece", *Village Voice*, 8 de novembro de 1976.

Classic Albums—Stevie Wonder: Songs in the Key of Life (Rhino Video, 1999).

DALTON, David; LENNY Kaye. *Rock 100*, Cooper Square Press, 1999.

FRITH, Simon. "Golden Hour Presents Isaac Hayes and Groove-a-Thon", *Street Life*, 20 de março de 1976.

GORDY, Berry. *To Be Loved: The Music, the Magic, the Memories of Motown*, Diane Publishing Co, 1994.

HALL, Johanna and John. "Stevie Wonder: Writing the Book of Love", *Crawdaddy*, dezembro de 1974.

HERBST, Peter (org.). *The Rolling Stone Interviews*, Rolling Stone Press, 1981.

HILBURN, Robert. "'Songs in the Key of Life' Tops Wonder-ful Year", *Los Angeles Times*, 9 de janeiro de 1977.

HOSKYNS, Barney. "The Backpages Interview: Stevie Wonder", *Rock's Backpages*, março de 2005.

JISI, Chris. "Nathan Watts's Wonderful World", *Bass Player*, abril de 2006.

ORTH, Maureen. "Taking Stevie's Trip", *Newsweek*, 4 de outubro de 1976.

POSNER, Gerald. *Motown: Music, Money, Sex, and Power*, Random House, 2002.

PRABHUPADA, Srila. "On Chanting", Krishna.com.

ROBINS, Wayne. "Stevie Wonder: Further Fulfillingness", *Melody Maker*, 9 de novembro de 1974.

ROCKWELL, John. "The Exhilarating Freshness of Stevie Wonder", *The New York Times*, 17 de outubro de 1976.

ROCKWELL, John. "The Pop Life: 10 Favorite Disks of 1976 and Why They Were Picked", *The New York Times*, 31 de dezembro de 1976.

SALEWICZ, Chris. "The New Age Metaphysics of Marvin Gaye", *NME*, 28 de fevereiro de 1981.

SELVIN, Joel. "Power in the Darkness", *Mojo*, edição 113, abril de 2003.

SLATER, Jack. "A Sense of Wonder: To Be Young, Gifted and Blind", *The New York Times*, 23 de fevereiro de 1975.

Soul Deep: The Story of Black Popular Music (documentário da BBC, 2005)

STONE, Chris. *Audio Recording for Profit: The Sound of Money*, Focal Press, 2000.

SWENSON, John. *Stevie Wonder*, Harper & Row, 1986.

WERNER, Craig. *Higher Ground: Stevie Wonder, Aretha Franklin, Curtis Mayfield, and the Rise and Fall of American Soul*, Crown, 2004.

WERNER, Craig. "Stevie Wonder: Singing in the Key of Life", *Goldmine*, 8 de outubro de 1999.

WHITBURN, Joel. *Top Pop Albums 1955-1996*, Hal Leonard, 1997.

WHITE, Cliff. "Stevie Wonder: Anthology", *NME*, 10 de dezembro de 1977.

WILLIAMS, Richard. "Motown the Uptight", *Let It Rock*, julho de 1974.

"Wonderbucks", *Time*, 18 de agosto de 1975.

© Editora de Livros Cobogó

Organização da coleção
Frederico Coelho
Mauro Gaspar

Editora-chefe
Isabel Diegues

Editoras
Barbara Duvivier
Mariah Schwartz

Coordenação de produção
Melina Bial

Tradução
Thiago Lins

Revisão de tradução
Gabriela Fróes

Revisão
Eduardo Carneiro

Projeto gráfico e diagramação
Mari Taboada

Capa
Radiográfico

CIP-BRASIL. CATALOGAÇÃO-NA-FONTE
SINDICATO NACIONAL DOS EDITORES DE LIVROS, RJ

Lundy, Zeth
L983s   Songs in the key of life / Zeth Lundy ; [organização Frederico Coelho, Mauro Gaspar] ; tradução Thiago Lins. - 1. ed. - Rio de Janeiro : Cobogó, 2015.

152 p. (O livro do disco)

Tradução de: Songs in the key of life
ISBN 978-85-60965-91-5

1. Música popular - Estados Unidos - Stevie Wonder, 1950 -. 2. Discografia. I. Coelho, Frederico. II. Gaspar, Mauro. III. Lins, Thiago. IV. Título. V. Série.

15-25999   CDD: 781.6373
                                                             CDU: 78.067.26(73)

Nesta edição foi respeitado o Acordo Ortográfico da Língua Portuguesa de 1990, que entrou em vigor no Brasil em 2009.

Todos os direitos em língua portuguesa reservados à
Editora de Livros Cobogó Ltda.
Rua Jardim Botânico, 635/406
Rio de Janeiro – RJ – 22470-050
www.cobogo.com.br

O LIVRO DO DISCO

Organização: Frederico Coelho | Mauro Gaspar

The Velvet Underground and Nico | *The Velvet Underground*
Joe Harvard

A tábua de esmeralda | *Jorge Ben*
Paulo da Costa e Silva

Estudando o samba | *Tom Zé*
Bernardo Oliveira

Endtroducing... | *DJ Shadow*
Eliot Wilder

LadoB LadoA | *O Rappa*
Frederico Coelho

Daydream nation | *Sonic Youth*
Matthew Stearns

As quatro estações | *Legião Urbana*
Mariano Marovatto

Unknown Pleasures | *Joy Division*
Chris Ott

Electric Ladyland | *Jimi Hondrix*
John Perry

Led Zeppelin IV | *Led Zeppelin*
Erik Davis

2015

1ª impressão

Este livro foi composto em Helvetica.
Impresso pela gráfica Stamppa,
sobre papel offset 75g/m².